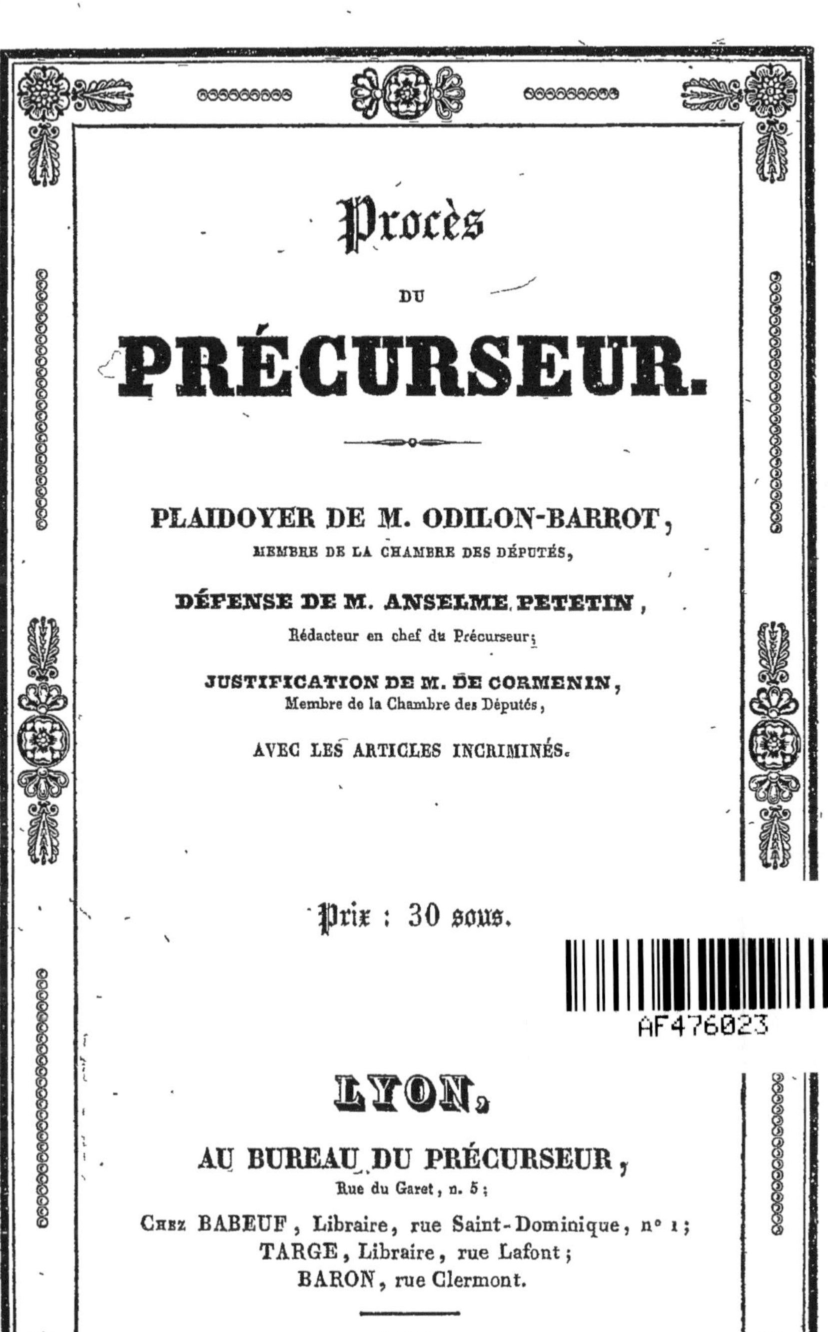

Procès

du

PRÉCURSEUR.

PLAIDOYER DE M. ODILON-BARROT,
MEMBRE DE LA CHAMBRE DES DÉPUTÉS,

DÉFENSE DE M. ANSELME PETETIN,
Rédacteur en chef du Précurseur;

JUSTIFICATION DE M. DE CORMENIN,
Membre de la Chambre des Députés,

AVEC LES ARTICLES INCRIMINÉS.

Prix : 30 sous.

LYON,

AU BUREAU DU PRÉCURSEUR,
Rue du Garet, n. 5;

Chez BABEUF, Libraire, rue Saint-Dominique, n° 1;
TARGE, Libraire, rue Lafont;
BARON, rue Clermont.

1832.

Procès
DU PRÉCURSEUR

DEVANT LA COUR D'ASSISES DU RHONE,

AUDIENCES DU 31 AOUT ET DU 1er SEPTEMBRE 1832.

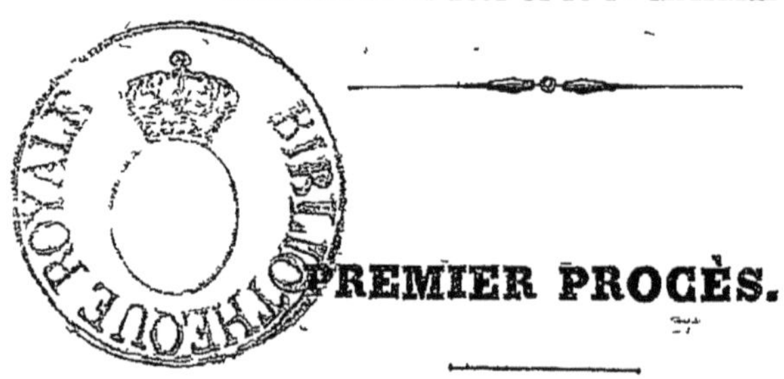

PREMIER PROCÈS.

ARTICLE INCRIMINÉ.

(Précurseur du 30 mai 1832.)

De l'ordre légal.

Nous sommes revenus souvent sur un sujet qui prend chaque jour à nos yeux une plus grande importance. Plusieurs fois déjà nous avons signalé le mal-entendu qui existe entre la France et son gouvernement, sur l'interprétation de ce mot qui peut se définir la morale écrite du pouvoir et des citoyens. L'*ordre légal*, en effet, doit être quelque chose de plus que la lettre morte d'une loi inanimée ; c'est le symbole qui lie entr'elles les forces diverses qui composent le peuple ; et non-seulement les forces, mais les intérêts, les volontés, les passions même de tout ce qui vit dans la communauté nationale. Ce doit être la conscience politique de l'Etat tout entier, ou bien ce n'est qu'un chiffon de papier sans signification et sans valeur.

Dès que ce symbole invoqué par le pouvoir n'est plus compris par le peuple ; dès que son application provoque des résistances, on peut affirmer sans crainte ou que la nation devient séditieuse (et c'est ce que pensent et disent les hommes du 13 mars), ou que les gouvernans ne sont qu'une faction usurpatrice d'un pouvoir éphémère, et c'est ce que nous croyons et disons.

Personne, au fond, ne se fait illusion sur le mal-entendu. Les gouvernans, malgré la jactance de leurs journaux, malgré ces fanfaronnades qui consistent à nommer *la France* la petite aristocratie de hasard qui les entoure, à traiter les masses mécontentes comme une conspiration d'ambitieux désappointés, de vagabonds sans aveu, de libertins et de filles, malgré toutes ces facéties arrogantes et de mauvais ton, les gouvernans savent bien que l'immense majorité leur est hostile, et ne les tolère que par le découragement qu'ils ont su semer partout; — dans l'intimité, ils ne feront pas difficulté de vous avouer qu'en effet ils sont convaincus, comme nous venons de le dire, que la nation est pervertie, et qu'un profond esprit de sédition s'est emparé d'elle. Ils entoureront cette plaisante assertion de beaucoup de banalités doctrinaires, car la chose dite trop crûment révolterait le bon sens; mais ce n'est pas moins là leur pensée intime. Ils ne peuvent pas se figurer qu'on soit assez cruel pour inquiéter des gens si heureux de dormir tranquillement aux emplois où ils sont parvenus; pour troubler dans leur douce béatitude des hommes si contens d'aligner tous les mois les piles d'écus qui leur reviennent sous un titre ou sous un autre. Pour concevoir une telle atrocité, ils sont forcés de faire intervenir une perversité toute nouvelle et générale, une corruption universelle et déjà enracinée, quoiqu'elle ne date que de leur entrée au pouvoir.

Ainsi, c'est un fait qui n'est nié par personne que ce mal-entendu : mais quand il ne serait pas avoué par tout le monde, le spectacle de la France telle que l'ont faite les héritiers de la révolution de juillet suffirait à prouver toute l'étendue du mal. Il ne se passe pas de semaine maintenant où la nouvelle de quelque émeute sanglante ne vienne nous attrister : Strasbourg, Paris, Nantes, Lyon, Grenoble, Béziers, la mémoire ne suffit plus à enregistrer tous ces conflits déplorables. Nul gouvernement n'avait jamais rencontré une hostilité plus générale; nul n'avait semé des haines plus violentes; nul n'avait fait verser autant de sang, pas même la restauration contre laquelle s'élevaient de si justes et si populaires antipathies.

Nous en sommes réduits à nous réjouir que le gouvernement, continuant à fonctionner dans son oisiveté, s'abstienne de remplir sa véritable mission qui serait de surveiller et de diriger tous les intérêts, de se placer réellement à la tête de la nation et de se mêler à sa vie au lieu de se tenir à part; de se regarder comme étranger à tout ce qui ne menace pas sa propre existence. Nous nous félicitons de ce que ce corps de dignitaires de tout ordre, de fonctionnaires et d'employés de tous les étages, forme une classe à part et se borne à multiplier machinalement les signatures. Car il est remarquable que toutes les fois que cette administration cherche à sortir de son inertie, toutes les fois qu'elle donne preuve d'existence, elle entre en guerre ouverte avec le pays, et il n'est pas plus question d'ordre légal que si nous vivions dans les forêts de l'Amérique.

Certes, c'est un misérable gouvernement que celui qui ne songe qu'à végéter paisiblement, et à faire subsister son *personnel*, sans s'inquiéter des intérêts nationaux, qui ne sait répondre à la misère que par des coups de fusil, et qui n'a pas même la notion de l'administration telle qu'il la faut à un peuple industrieux, — qui se récuse quand il s'agit de la guerre, qui se déclare inhabile à nous procurer les avantages de la paix, c'est-à-dire la prospérité commerciale ; mais, nous le répétons, il est heureux que nos maîtres s'en tiennent à occuper leurs sinécures ; car il est évident que s'ils essayaient de remplir les conditions réelles du gouvernement, cette hostilité sourde, ces conflits partiels deviendraient demain la guerre civile et l'anarchie organisée.

Il n'en peut être autrement quand le peuple d'un côté, le gouvernement de l'autre, entendent différemment le contrat qui les lie ; quand la nation veut marcher vers les institutions républicaines et le pouvoir vers les institutions aristocratiques ; quand ils regardent la constitution comme un point de départ, l'un pour arriver progressivement à la démocratie pure, et l'autre pour rétrograder vers un régime courtisanesque.

On disputerait cent ans sur le programme de l'Hôtel-de-Ville, sur les conséquences de la révolution, sur les intentions réelles des révolutionnaires de juillet sans arriver à aucun résultat positif.

C'est ici une affaire de bonne foi : nous en avons assez vu pour être convaincus que nul ne se trompe *sur les faits* ; on a très-bien compris, des deux côtés, les événemens qui se sont succédés depuis deux ans ; le souvenir de l'attitude qu'a prise le pouvoir pendant les premiers mois du régime nouveau, et qu'il a peu à peu abandonnée pour se poser comme nous le voyons aujourd'hui, nous rassure contre la crainte de voir des gens bien intentionnés se jeter involontairement dans l'abîme. La royauté a son plan qu'elle développe progressivement ; le peuple a son instinct qui le guidera avec tout autant de certitude. Nous verrons qui des deux est de bonne foi, ou qui des deux sera le plus habile, si d'un côté ou de l'autre on joue la comédie.

Dans tous les cas, la presse n'aura point à se reprocher de n'avoir pas signalé le mal-entendu qui existe entre le pouvoir et le peuple, et que l'état d'exaspération et de trouble où s'agite le pays ne rend que trop évident. Si la persistance de la royauté amène de funestes résultats, elle ne pourra s'en prendre qu'à elle-même; il ne faudra pas qu'elle vienne invoquer des textes dont l'esprit a été déjà vingt fois faussé; il ne faudra pas qu'on feigne de s'appuyer, comme on le fait, pour continuer le système du 13 mars, sur des majorités constitutionnelles qui auraient adhéré et qui adhéreraient à un ministère Lafayette comme à un ministère Guizot. En un mot, il ne faudrait pas jeter à la tête d'une révolution une constitution *jurée* qu'elle vous renverrait avec mépris, car si le principe qui a enfanté cette Charte a été méconnu, insulté, violé, étouffé, encore une fois, la Charte n'est plus qu'un chiffon de papier qui n'aura pas sur l'esprit du peuple plus d'influence qu'il n'en a eu sur le vôtre.

Ans. P.

M. Alphonse Gilardin, qui a défendu le *Précurseur* dans cette affaire, ayant improvisé presque entièrement son plaidoyer où il suivait le ministère public pas à pas avec grande vivacité de logique, il a été impossible de le recueillir, en l'absence de tout sténographe. Plusieurs fois sa spirituelle et fine ironie a provoqué le sourire de l'auditoire et même de la cour et des jurés. — Tout ce que nous pouvons dire, c'est que dans la partie théorique de son discours, il a fait justice de ces prétendus délits d'excitation à la haine et au mépris du gouvernement, véritables procès de tendance, indignes d'une administration de bonne foi. C'est cette discussion surtout que nous aurions voulu reproduire pour l'instruction des parquets, si toutefois les parquets peuvent apprendre quelque chose. — L'état de la santé de M. Gilardin ne lui a pas permis d'en écrire le résumé : si nous pouvons plus tard l'obtenir de lui, nous le publierons dans le *Précurseur*, ou nous l'adresserons aux souscripteurs de cette brochure.

IIᴱ PROCÈS.

(*Article du 8 juin, nécessaire pour l'intelligence des faits.*)

DÉPÊCHE TÉLÉGRAPHIQUE

Arrivée à Lyon le 7 juin 1832, 9 heures 10 minutes du matin.

Paris, 6 juin 1832, à midi.

Le ministre de l'intérieur à M. le préfet du Rhône.

L'ordre règne dans tout Paris, les factions unies ont été terrassées.

Le gouvernement prend des mesures décisives contre les auteurs de l'insurrection.

La garde nationale de Paris et de la banlieue, et les troupes de ligne ont fait admirablement leur devoir.

Le directeur du télégraphe,
Signé A. JOURDAN.

Pour copie conforme : *Le préfet du Rhône*, GASPARIN.

Nous pensions qu'on en avait fini avec cette ridicule invention de l'alliance *carlo-républicaine* : mais il paraît qu'on ne désespère pas de tromper encore quelques niais avec cette pauvre méchanceté. C'est toujours, dans le genre plat, ce qu'était dans la première révolution la grande conspiration de *Pitt et Cobourg*. Nous voyons reparaître les *factions coalisées* dans les discours du roi à Compiègne, les *factions conjurées* dans les discours du duc d'Orléans, qui, nous l'espérons, n'osera pas répéter ce mot à Marseille, où le *mouvement* a montré un si admirable zèle contre les carlistes.

Nous ne savons comment exprimer l'indignation que nous inspire cette ignoble calomnie : vraiment le mépris nous ferme la bouche. Mais voici tout ce que nous pouvons dire.

Nous ignorons parfaitement ce qui s'est passé à Paris le 5 et le 6. La première nouvelle nous en arrive par la communication de M. le préfet, et nous n'avons pas de télégraphes à notre service : eh bien ! nous donnons un DÉMENTI FORMEL à l'alliance qu'on prétend découvrir dans les événemens qui viennent d'avoir lieu ; nous défions dès aujourd'hui le gouvernement de prouver qu'il y ait eu dans cette affaire une intelligence quelconque entre le *mouvement* et les carlistes ; nous le défions de prouver qu'il a trouvé parmi les *auteurs et les fauteurs* de l'insurrection d'autres républicains que des républicains de la police. — Nous verrons encore ici quelque mystification sanglante comme en sait faire le juste-milieu, et voilà tout.

A la première nouvelle de l'affaire de la rue des Prouvaires, qui était aussi une conspiration *carlo-républicaine* bien constatée, nous donnâmes un pareil démenti, nous portâmes un semblable défi, et l'instruction judiciaire est venue confirmer nos assertions.

De même encore dans l'affaire des tours de Notre-Dame, autre conspiration *carlo-républicaine*, nous avons ri des stupidités que nous apportaient le télégraphe et les estafettes. — Avions-nous tort ?

Nous dirons, en terminant, aux gens qui répètent sans la croire cette énorme baliverne, que l'insurrection carliste était une belle occasion pour les républicains d'aider leurs bons amis les légitimistes. Combien en a-t-on trouvé parmi les conspirateurs de Marseille et les révoltés de la Vendée ?

Cependant on y a trouvé bon nombre d'agens du juste-milieu, si nous en croyons les destitutions qui viennent d'être faites.

Mais, encore une fois, cela ne mérite pas d'être sérieusement réfuté.

On verra dans notre correspondance particulière de Paris quelques détails curieux sur la rixe qui s'est élevée sur la place Vendôme entre les sergens de ville et plusieurs jeunes gens. Nous appelons en outre l'attention de nos lecteurs sur l'extrait suivant de la correspondance du *Courrier de Lyon* (Paris, 4 juin).

« Il paraît que le convoi du général Lamarque est destiné par *messieurs* du *mouvement* à faire l'essai d'une grande revue de leurs forces.

» Le ban et l'arrière-ban sont convoqués pour demain. Espérons qu'aucun désordre ne viendra déparer les funérailles d'un de ces vieux militaires qui ont su défendre leur patrie de leur épée sur les champs de bataille, et que ceux qui n'honorent en lui que le député de l'opposition, n'auront pas la pensée sacrilége d'affliger les mânes du guerrier, en leur offrant du sang français.»

Nous signalons encore la note suivante que nous empruntons au *Nouvelliste*, journal ministériel de Paris (4 juin).

« C'est demain matin que seront rendus les derniers devoirs du général Lamarque, en sa double qualité de député et de lieutenant-général.

» Le gouvernement a donné les ordres nécessaires pour que les honneurs militaires dus à son rang fussent rendus au guerrier que la patrie vient de perdre.

» On nous assure que la faction implacable que le général Lamarque combattit dans la Vendée, rêve l'espoir de traduire en troubles sa pompe funéraire ; on nous dit enfin que les carlistes doivent tendre la main aux anarchistes sur son cercueil pour les convier aux désordres.

» Nous ne pouvons croire à une pareille combinaison, ou plutôt, nous sommes sûrs que pas un homme se disant ami du général ne laissera subir une pareille profanation à sa renommée. Le général Lamarque a pu prendre rang dans l'opposition, il a pu combattre des ministres, mais en loyal adversaire, mais en ami de l'ordre qui, tout le monde sait, avait accueilli avec transport la dynastie de juillet. Ce serait rendre un triste hommage à ses cendres, que de les insulter par la manifestation de sentimens qu'il eût repoussés. Non, ces bruits injurieux ne se réaliseront pas. Le tombeau du général Lamarque est sous la sauve-garde de la dignité parisienne et de la fidélité de ses amis. »

Enfin, nous prions nos lecteurs de recourir à la note du *National* que nous avons publiée hier, et où ce journal patriote annonçait quelques machinations carlistes et la distribution de cartes de rendez-vous *armés* à la barrière des Martyrs.

Ils voudront bien ensuite tirer des conséquences et une *conclusion*.

ARTICLE INCRIMINÉ.

(Précurseur du 9 juin 1832.)

C'est avec du sang que sont écrites les horribles nouvelles que nous transmettons aujourd'hui à nos lecteurs, et c'est à peine si nous pouvons soulever le poids qui nous oppresse pour ajouter à ces nouvelles les réflexions qui déchirent notre ame.

Le gouvernement de juillet, si brillant à son aurore des espérances dont nous l'entourions, est tout rouge aujourd'hui du sang français, et, ce qui est affreux à dire, c'est parmi ceux qui le fondèrent avec tant d'enthousiasme, au péril de leur vie, au bruit de la fusillade, du canon, et du tocsin, c'est parmi eux surtout, et presque avec les mêmes circonstances, si glorieuses alors, si funèbres aujourd'hui, qu'ont été frappées les victmes de ces journées à jamais déplorables.

Comment cette catastrophe est-elle arrivée ? Par qui ces horreurs ont-elles été préparées ? Voilà ce qu'il est impossible de découvrir encore au millieu de la confusion des récits contradictoires.

Toutefois, que l'on consulte les organes indépendans de l'opinion, que l'on étudie surtout avec attention le langage des journaux ministériels, et des indices frappans saisiront, nous osons le dire, l'esprit des lecteurs. On se demandera comment il se fait que ce conflit ait été prévu plusieurs jours d'avance par toutes ces feuilles, et prédit avec une telle analogie dans les termes. La presse officielle a pris en cette circonstance une expression si violemment passionnée, qu'il est facile d'y démêler des sentimens que, certes, on désirait cacher.—Les extraits de journaux que nous publions ci-après doivent être médités avec une religieuse attention, car ce sont des pièces capitales dans un immense procès dont la solution ne peut être désormais éloignée.

Les journaux de la police, les dépêches officielles même reproduisent encore sans pudeur la niaise accusation d'alliance *carlo-républicaine*. Nous ne répondrons rien à cette calomnie infâme. Ce serait lui faire trop d'honneur que de la démentir.

Tout ce que nous croyons découvrir dans les causes de ces événemens, le voici :

Sans doute une conspiration carliste avait été organisée à l'occasion des funérailles de Lamarque, afin de faire une diversion à l'insurrection vendéenne. Le *National* avait signalé ce projet depuis trois jours, et nous avons cité ses paroles. La police avait découvert aisément ces menées, et des agens, dont nous ne pouvons pas maintenant déterminer la couleur, auront cherché à y impliquer quelques membres de cette *Société des Amis du Peuple*, où tant de têtes ardentes offrent une prise facile aux intrigues de tout genre.

C'est sur ces entrefaites que dans cette foule déjà échauffée par la nature de la solennité qui l'avait réunie, sont tombées toutes ces provocations qui ne sont déjà plus douteuses, et enfin ces charges faites sans sommations. Alors, on a recouru aux armes et commencé ce combat *qui n'était pas fini au départ des dernières nouvelles.*

Vainement les publications ministérielles s'attachent-elles à amoindrir les faits : les faits sont immenses. C'est à une *insurrection* que le pouvoir a eu affaire, ce n'est pas à une émeute, et Paris a vu la guerre civile dans sa hideuse vérité.

Voilà donc où devait aboutir ce système de violence et de basses machinations que nous avons tant de fois flétri ! Voilà où nous a conduit une obstination que n'ont pu vaincre ni nos prières, ni nos plaintes, ni notre profonde indignation ! Voilà ce qu'est devenu le gouvernement de juillet entre les mains qui s'en sont emparées ! Des torrens de sang français inondent partout le sol français ; la guerre civile déchire les provinces ; la moitié de la France, la capitale elle-même est en état de siége, et notre patrie n'est plus qu'un champ de bataille où les partis se déchirent, dans les accès abominables d'une rage impie !

Ah ! qu'on étouffe notre voix ! qu'on nous traîne sur les bancs de la justice : si fort que soit le bâillon qu'on nous impose, il nous restera la force de maudire les viles et étroites passions qui ont ainsi gâté le présent et l'avenir de la France, de jeter une parole de mépris et d'indignation à ces jongleurs monarchistes qui, en de pareils momens, osent salir la royauté de leurs odieuses flatteries, et qui parlent d'enthousiasme pour un homme, quand le pays est frappé au cœur !

Nous jouissons en effet de *l'ordre* du juste-milieu. — Il

leur sied bien maintenant de faire des déclamations hypocrites sur les cruautés de la république, sur les horreurs de 93. Eh! qu'ont vu de plus terrible les témoins de la première révolution? Que pourraient faire de plus ces républicains que vous calomniez sans cesse?

Nous le demandons à la conscience de tout le monde : Est-il possible d'appeler un *gouvernement* l'administration sous laquelle nous vivons depuis un an? Est-ce là cette paix à laquelle on a tout sacrifié?—Est-ce l'ordre qu'on nous promettait et que nous réclamons avec tant d'instance?

Nous n'avons pas besoin de faire remarquer l'embarras et l'ambiguité des communications que l'autorité a daigné nous faire. En même temps qu'on nous annonce le rétablissement de *l'ordre*, on nous parle de la mise en état de siége de la ville de Paris, et l'on ajoute que *quelques bandes* parcourent encore les rues.

Ce contre-sens est grave : ou les choses sont bien moins près de leur terme qu'on ne l'assure; — ou l'on a voulu profiter de la circonstance pour se défaire *militairement* d'une foule de gens qui gênaient. Dans ce cas, nous devons nous attendre à apprendre demain que deux ou trois cents têtes sont tombées sous la décision d'un conseil de guerre. — Nous verrons.

Au milieu de ce triomphe de *l'ordre légal*, nous ne savons ce que deviennent les lois : les presses de la *Tribune* ont été brisées.

Une correspondance ministérielle qui nous a été communiquée dit que la même opération a été tentée sur les presses du *National*, et que les rédacteurs de ce journal ont énergiquement résisté à cet acte illégal. Cette correspondance ajoute que M. Armand Carrel, rédacteur en chef, dont l'admirable talent a porté de si terribles coups au juste-milieu, a été arrêté et conduit en prison. — C'est un des hommes dont on serait bien heureux de se débarrasser.

Qu'on y prenne garde : il est telle tête de citoyen qui vaut vingt têtes de rois, et dont on pourrait faire un jour payer la perte bien cher. — Celle de M. Armand Carrel en est une.

Nous avons reçu par voie particulière le numéro du *National* qui a donné lieu à la violence dont il s'agit. Il faut, pour qu'elle ait eu lieu, qu'on ait jeté de côté toute pudeur, et tout simulacre de modération. L'article que renferme ce numéro invitait simplement les députés et les gardes nationaux à s'interposer entre les soldats et la population; il engageait aussi les citoyens à s'abstenir de provocations envers les troupes auxquelles il supposait quelque répugnance à remplir le rôle qu'on leur confiait.

Nous aurons sans doute encore demain d'horribles choses

à apprendre et à dire ; car cette résistance prodigieuse ne peut être soutenue long-temps, et il était trop évident, dès le principe, que l'affaire ne pouvait avoir qu'une issue : le massacre complet des insurgés.

Nous devons faire remarquer que la dernière dépêche télégraphique n'a pas été datée au départ, et que bien qu'elle soit arrivée à dix heures du matin et que le télégraphe ait joué toute la journée, l'autorité ne nous a fait aucune communication nouvelle jusqu'à présent, onze heures du soir.

Nous nous permettrons de déclarer à M. le général Delort que c'est mal choisir le moment pour faire le mauvais plaisant, et pour nous dire que la population a fait retentir, sur le passage du roi, ce cri : — *Prompte punition des coupables.*

Si l'on a le projet de répandre encore du sang de propos délibéré, qu'on le fasse sous la terrible responsabilité qu'on accepte ; mais qu'on ne prête pas en style bouffon des intentions atroces à la population.

Demain, sans doute, le juste-milieu sera bien fier de sa victoire ; nous devons nous attendre à ses quolibets et à ses stupides déclamations. — Qu'il se réjouisse à l'aise ; qu'il danse dans le sang ; il est vainqueur, nous ne lui envions pas sa victoire. Tous les bons citoyens pleureront sur elle.

Mais pourtant qu'il y songe ! Il a déjà obtenu beaucoup trop de ces triomphes abominables. Il ne pourra long-temps porter tant de lauriers chargés d'une boue sanglante. — Aujourd'hui nous l'avons mesuré dans toute sa bassesse : cela suffit. C'est une règle pour l'avenir.

De la profondeur de notre tristesse, une espérance jaillit : il est impossible qu'un pareil système subsiste dans un pays civilisé, et les patriotes doivent voir dans l'excès de nos maux la certitude d'un changement prochain.

Aujourd'hui il n'y a plus de division parmi eux : un fleuve de sang nous sépare de nos ennemis ; désormais il ne sera pas franchi.

Ans. P.

PLAIDOYER DE M. ODILON-BARROT.

Messieurs de la Cour, messieurs les Jurés,

M. le procureur-général s'étonnait hier que je fusse venu de si loin défendre le *Précurseur*. A mon tour je ne m'explique pas son étonnement, et j'espère que vous ne le partagerez pas. Doublement consacré, comme avocat et comme député, à la défense des garanties publiques comme des droits privés, j'aurais eu honte de moi-même si j'avais hésité un seul instant à répondre à l'appel que le *Précurseur* adressait à mon ministère. Il n'y a pas à mes yeux de petites causes en matière de liberté de la presse.

La liberté de la presse, considérée sous le rapport philosophique, n'est que la liberté de la pensée, de l'intelligence humaine, c'est le plus bel attribut de notre nature. Aussi l'assemblée constituante l'avait-elle mise au nombre de ces droits primitifs de l'homme qui sont antérieurs et supérieurs à toutes les lois positives.

Ses fonctions sont de deux natures.

Elle a la double mission de protéger les libertés publiques et de rechercher la vérité en tout, c'est-à-dire d'améliorer les mœurs.

Ainsi tel ou tel fait se passe-t-il qui peut compromettre la liberté? Le droit et le devoir de la presse, c'est de le signaler à tous; car la publicité est de toutes nos garanties politiques la plus réelle et la plus précieuse. Toutes les fois que la presse, en dénonçant une atteinte portée à nos franchises, ne va pas fouiller dans la vie privée, outrager des personnes qui sont hors de la discussion, je le répète, elle remplit un devoir.

Quant à son autre mission qui consiste à rechercher et à enseigner la vérité : eh! messieurs, pourquoi sommes-nous sur cette terre? Il n'est pas plus possible de nous enlever cette liberté d'examen et de discussion qu'il n'est possible d'enlever à l'homme ce besoin d'atteindre la vérité qui le tourmente ici-bas, et qui fait sa vie morale et intellectuelle! La liberté d'examen n'est pas seulement le plus noble attribut de notre nature, elle en est le plus impérieux besoin. Elle seule perfectionne les doctrines et les théories en portant le flambeau sur toutes les questions qui intéressent le sort de l'humanité. En vain voudrait-on limiter ses investigations, et faire de ce flambeau comme une lanterne sourde qui n'éclairerait qu'un seul côté de la question... Non, il faut que tous les termes subissent l'examen; il faut que la discussion puisse courir de la théorie la plus absolutiste à la plus démocratique. Si elle se trompe dans son choix, elle n'a pas d'autre juge que la raison publique; ses erreurs ne sont pas du domaine des tribunaux criminels.

Il y a cependant une limite à cette liberté de tout examiner et tout dire; c'est la diffamation ou la provocation immédiate à la violation des lois. Je n'en connais pas d'autres ; sévérité contre la presse lorsqu'elle proclame l'insurrection et provoque à la destruction brutale des lois ; sévérité encore lorsqu'elle va chercher, soit un particulier dans sa vie privée, soit la magistrature suprême dans son enceinte interdite à la discussion, pour les entraîner sur le terrain de la publicité dans le but de satisfaire une haine aveugle, une animosité étroite, une passion mesquine et sans moralité. Mais hors de là, liberté, liberté entière pour l'examen et la discussion ; respect pour l'œuvre de l'intelligence humaine.

Et remarquez, messieurs, qu'à cet égard il semble qu'il se soit établi entre tous les jurys de France, comme par un accord tacite, une jurisprudence universelle, je dis jurisprudence, et je n'ignore pas que chaque jury est souverain, qu'il ne doit compte qu'à lui-même de ses motifs, et qu'entre son verdict et celui des autres jurys de France, il n'existe aucun lien de solidarité. Mais c'est qu'il y a unité dans le bon sens public ; c'est que le jury en France a compris admirablement le rôle de la presse dans un gouvernement représentatif ; c'est qu'il a une intelligence profonde de cette nécessité de nos sociétés modernes ; c'est qu'il est pénétré du besoin de protéger la liberté de la presse comme la plus puissante de nos garanties politiques, et de ne la réprimer jamais, que quand elle devient un instrument de diffamation, de haine aveugle et de violence.

C'était là, messieurs, notre religion politique à tous quand nous combattions la restauration dans ces nombreux procès où elle croyait, elle aussi, puiser une grande force, et qui n'ont fait que la miner et la renverser. C'était là encore notre foi politique à tous en 1830, quand la presse eut fait triompher la révolution de juillet. — Ce n'était plus seulement un amour raisonné pour elle, c'était un énivrement. Alors, il n'y avait pas pour elle assez de couronnes ; comme tous les vainqueurs, elle avait ses flatteurs. Les ministres eux-mêmes écrasaient de cordons, de places, de faveurs, quiconque, de près ou de loin, avait eu quelque part à la rédaction d'un journal, s'imaginant peut-être que leur prodigalité envers les personnes, les acquitterait envers le principe...

Comment et par quelle vicissitude le gouvernement nouveau en est-il venu à une hostilité ouverte contre cette liberté de la presse qu'il semblait tant aimer, et à laquelle il doit la vie ? Comment est-elle en butte aujourd'hui à des accusations identiques à celles dont la poursuivait la restauration dans ses plus mauvais jours ? Comment se fait-il qu'un seul journal compte à peu près autant de procès que la Belgique de protocoles ?

Comment se fait-il que je sois là devant vous, messieurs, appelé de si loin pour défendre cette liberté de la presse provinciale à peine naissante, et que nous avons tous si ardemment désirée, si patriotiquement encouragée ?

L'accusation vous a parlé des opinions républicaines du *Précurseur*. Il suffit de les lire, pour s'assurer qu'il n'est nulle part question dans les articles incriminés de république. Je ne pense pas que ce soit pour sa tendance républicaine que ce journal est poursuivi. Le ministère public a trop de respect pour la loi qui a fait justice des procès de tendance.— Vous vous rendrez facilement compte des véritables raisons de la poursuite, si vous voulez vous reporter à l'époque où elle a été dirigée contre le *Précurseur*.

Une insurrection violente avait éclaté à Paris. L'armée et la garde nationale firent leur devoir ; le roi en se confiant à la population parisienne, montra des qualités toujours appréciées en France : courage et confiance. Il ne restait plus d'autre trace que la curiosité des promeneurs, toute résistance avait cessé, il n'y avait plus de rôle que pour la justice. — Ce fut là en effet, la première pensée du ministère; mais on lui dit, on lui crie qu'il faut en finir ; et alors, franchissant un pas immense, il se laisse entraîner aux coups d'état. Des conseils de guerre sont institués, devant lesquels il n'y a plus pour l'accusé de formes protectrices, ni récusations, ni procédure régulière ; à peine une instruction préalable. Le pouvoir fait briser des presses, fait mettre les scellés sur d'autres, menace quelques journaux, s'ils osent paraître, de les traduire devant la justice des conseils de guerre... La presse n'était donc plus libre à Paris ; mais elle avait asile en province ; il était permis encore à la presse départementale de demander qu'on ne profitât pas de la victoire des lois pour suspendre les lois. — Cependant le pouvoir s'était lancé dans une voie où on ne s'arrête plus ; il lui fallut subir les conséquences de son entraînement, et les poursuites dirigées contre le *Précurseur* n'ont été, en quelque sorte, qu'un contre-coup de la mise en état de siége de Paris. J'ai été assez heureux pour contribuer, à Paris, à la levée de cette mesure odieuse; en venant défendre ici le *Précurseur*, je ne fais que la poursuivre dans une de ses ramifications.

Ne craignez pas cependant, messieurs, que je vienne agiter ici des passions. Je connais la situation de votre cité, et il y aurait crime à moi, à remuer des cendres mal éteintes. Je vous parlerai, messieurs, un langage de justice et de liberté que vous saurez comprendre, j'en suis convaincu; car vous n'aimez pas plus que moi l'arbitraire, et pas plus que vous, je n'aime le désordre et l'anarchie.

M. Odilon-Barrot entre ici dans la discussion de l'article incriminé. Il passe en revue les quatre délits imputés au *Précurseur*.

1.° Excitation à la haine et au mépris du gouvernement du roi. — Cette définition s'applique-t-elle aux *ministres*? Mais alors plus les ministres sont mauvais, plus en disant la vérité le journaliste exciterait à les haïr et à les mépriser. Le bon sens proteste contre cette interprétation de la loi. — D'ailleurs c'est à la police que l'inculpation est faite, et la police ce n'est pas le ministère, ce n'est pas même le préfet de police qui souvent ignore ce qui se fait dans sa préfecture. — Ce n'est pas même toujours la police officielle, car il y a des polices occultes et officieuses. — A Paris, lorsqu'un fait est imputé à la police, la police se plaint et actionne en diffamation. — Il n'y a qu'ici qu'un parquet mal inspiré établit cette solidarité et cette indentité entre une police quelconque et le gouvernement du roi.

Il fait remarquer la contradiction qui existe entre les termes do l'arrêt de renvoi qui accuse M. Anselme Petetin d'avoir excité *indirectement* à la haine et au mépris du gouvernement, et l'accusation positive dirigée contre lui par M. l'avocat-général. — Il rappelle quelle indignation souleva autrefois la législation de *tendance* qui admettait *l'indirect* dans les procès de presse, et s'étonne de la préocupation du ministère public qui a fondé ses poursuites contre le *Précurseur* sur une législation abrogée, et recréé ainsi les procès de tendance.

Au reste, l'écrivain n'a rien affirmé; il a signalé des indices de menées secrètes de la police, il les a soumis à l'opinion. Peut-on agir avec plus de réserve et de bonne foi?

M. Barrot donne ici lecture du passage incriminé, dans lequel il est dit que *les provocations ne sont déjà plus douteuses*. Il ajoute :

Oh! ici le ministère public triomphe. — Vous ne doutez plus, nous dit-il, vous affirmez! — Mais M. l'avocat-général aurait dû lier cette phrase à la précédente. Cela ne demandait qu'un talent purement grammatical. Toutefois, j'ai honte de m'arrêter à cette discussion de mots; est-ce que je ne peux pas concéder que l'article contient réellement une accusation formelle contre la police? Est-ce que je ne puis pas accorder qu'il entre bien dans les intentions de M. Anselme Petetin de déclarer que la police est coupable de provocations? Le journal ne dit pas : Oui, la police a eu la main dans toutes les ignobles machinations qui ont amené le conflit. — Oui, c'est elle qui a préparé et provoqué cette déplorable catastrophe...

Il ne le dit pas, mais quand il l'aurait dit, quand il aurait formellement dénoncé cette police dont l'obscurité est l'essence, l'eût-il fait à tort, le condamneriez-vous? Non, car s'il n'y avait de liberté qu'à la condition de ne se tromper jamais, la loi nous aurait tendu un piége. — Si l'on ne pouvait, sur des indices graves et sur de fortes présomptions, dénoncer une administration qui échappe à toutes les preuves, qui refuse aux cours de justice la vérification de ses archives, il faudrait repousser cette liberté qui ne serait plus qu'une amère déception. Il n'en est pas ainsi, et le journaliste, s'il s'était trompé, serait excusable; mais je vais plus loin, et l'écrivain, à mes yeux, mérite autre chose qu'un pardon; car en présence de cette joie odieuse que laissaient éclater les feuilles ministérielles, en demandant aux conseils de guerre *bonne, prompte et complète justice*; en présence de cette froide cruauté avec laquelle elles annonçaient de prétendus meurtres commis à plaisir par la garde nationale; en présence de toutes ces menaces adressées à quiconque oserait encore parler de liberté, je dis que le journaliste a rempli un devoir de conscience, je dis qu'il a courageusement accompli sa mission de publiciste et de citoyen.

Mais ce n'est pas tout, messieurs, pendant qu'on poursuivait ici le *Précurseur* pour avoir accusé la police, des débats avaient lieu à Paris, qui jetaient sur ces machinations un jour terrible. La police a été surprise en flagrant délit; on l'a rencontrée à chaque pas dans toutes ces ignobles intrigues qui ont préparé la catastrophe des 5 et 6 juin : on a saisi sa main, en quelque sorte. Des témoignages nombreux et tout-à-fait dignes de foi, ont attesté que là, comme dans les embrigademens du 14 juillet, la police avait sa part. Une brigade entière, échappée des bagnes, était sortie déguisée sous la livrée honorable du travail; elle a pris part à l'action, elle a tiré des coups de fusil, donné des coups de bayonnettes; elle s'est mêlée aux insurgés, elle a arrêté des citoyens. La constatation de ces faits a confondu la police et l'a fait succomber dans le procès en diffamation, qu'elle avait eu l'audace d'intenter au *Corsaire*! Et ce serait après l'acquittement du *Corsaire*, après que la police a été honteusement évincée de sa plainte, après qu'elle est restée flétrie sous des charges accablantes, que vous, messieurs, vous condamneriez le journal de province qui, loin des faits, les a pour ainsi dire instinctivement devinés, qui a dénoncé l'odieuse intervention de ces misérables! Je ne le crains pas, car il y aurait là une haute contradiction; je ne le crains pas surtout, parce que votre probité se révoltera de ces scandaleux excès; parce que, si vous éprouvez vivement pour vos personnes et pour vos fortunes, le besoin de la sécurité, vous ne voulez pas que la magistrature chargée de protéger cette sécurité, soit confiée à des mains impures qui poussent au désordre pour se faire un mérite de le réprimer. — Et encore, vous, messieurs, dans cette cité, vous ayez ce bonheur, que lorsque la police est obligée d'agir, elle le fait sous la direction et la responsabilité d'un maire, votre élu, d'un homme qui a reçu de vous-mêmes cette délicate mission (1). Mais à Paris, le préfet de police est sans mandat de ses concitoyens. Et encore accuser la police, ce n'est pas accuser le préfet; car nous l'avons vu, dans l'affaire des embrigademens, venir déclarer que c'était à son insu et sans aucune participation de sa part que cette ignoble manœuvre avait été pratiquée. Le préfet de police, lui, ne pourrait pas impunément commettre de pareils excès; car il est connu, et à ce titre, il a sa responsabilité. Accuser la police, c'est accuser trois ou quatre polices occultes, qui se croisent et s'enchevêtrent dans Paris, ne se connaissant pas, n'ayant pas d'unité, ne se rencontrant que dans de honteuses machinations, et ne s'entendant que pour le mal... Voilà la police de Paris; nous sommes bien

(1) Quand M. Barrot disait cela, il ignorait que nous avions ici une colonie des polices occultes de Paris, inconnue même aux autorités et agissant sans elles et peut-être contre elles.

loin, ce me semble, du gouvernement du roi; car je n'imagine pas que vous vouliez entendre par gouvernement du roi, M. Vidocq, et je ne sais quelle police de ténèbres qui obéit à ses inspirations!

Voilà, messieurs, ce qui est justiciable des tribunaux, ce sont ces provocations insensées de la police; car il serait temps que la société punît, de quelque part qu'ils vinssent, tous ceux qui voudraient troubler son repos, et qu'elle donnât une sévère leçon à ces hommes qui ne voient dans un grand désordre social qu'une occasion de se venger du mépris dont la société, dans les jours de calme, les entoure et les accable!

La seconde branche de ce premier délit serait dans le jugement porté subsidiairement par le *Précurseur* sur les causes qui on pu amener le conflit.

M.e Barrot donne lecture du passage du *Précurseur* et ajoute que les faits ne sont malheureusement que trop constans; qu'écrire l'histoire n'est pas un délit, et que les événemens des 5 et 6 juin n'ont fait que compléter cette hideuse série de luttes qui ont ensanglanté tous les points de la France : que si le *Précurseur* accuse le ministère d'être la cause des troubles, le ministère ne se fait pas faute d'en rejeter le tort sur l'opposition : que c'est là le perpétuel combat du gouvernement représentatif. Est-ce le ministère qui a tort, est-ce l'opposition? Cela est du domaine de la politique et non du vôtre. Vous seriez convaincus que la cause de tous les malheurs est dans l'opposition et dans la presse, que vous ne pourriez encore couvrir l'attaque de votre égide en frappant sans pitié la défense, car alors vous seriez les hommes d'un parti, d'une opinion, et votre opinion vous l'avez laissée aux portes de cette salle; vous n'êtes plus ici que des jurés. Aussi lorsqu'on cherchait à m'effrayer sur les dispositions du jury, lorsqu'on me disait que les irritations qui divisent cette ville étaient portées à ce point d'exaspération que, selon les chances du sort, l'acquittement ou la condamnation seraient prononcés d'avance, je repoussais loin ces allégations; car je savais bien que je n'assisterais pas à un duel, mais à un véritable et consciencieux jugement, et que ce qu'il pouvait y avoir d'aigreur et d'irritation dans quelques esprits, disparaîtrait devant la grandeur et la sainteté de la mission que vous étiez appelés à remplir.

Me Barrot rappelle la discussion pleine de ludicité que Me Gilardin a établie la veille sur la nature du délit *d'excitation à la haine et au mépris du gouvernement du roi*, et se prévaut de la sanction que le verdict du jury a donnée à sa doctrine. Il résume ce qu'il a dit sur le premier chef d'accusation, en rappelant qu'il l'a divisé en deux branches, dont la première contient les faits et la seconde leur discussion. Quant à la première, il a prouvé qu'il n'y avait pas accusation, mais soupçons ; qu'y eût-il accusation, elle était faite de bonne foi ; et qu'enfin les faits étaient venus la confirmer. Quant à la seconde branche, il a établi que l'article ne contenait qu'une simple controverse et une appréciation très-permise des causes de tous les malheurs de la France, et que si le *Précurseur* est coupable pour les avoir attribués en grande partie aux fautes du ministère, il connaît beaucoup de bons citoyens qui sont aussi coupables que lui.

Il discute ensuite le second délit, l'*excitation à la haine et au mépris de la garnison de Paris*. Il établit que le reproche des charges faites sans sommations ne retombe pas sur elle, mais sur les officiers de police chargés de les faire : que d'ailleurs le général Pajol lui-même avait déclaré que divers rapports lui avaient été faits, qui annonçaient qu'en certains endroits les sommations n'avaient pas eu lieu, et qu'ainsi M. Anselme Petetin, qui avait la conviction que nul complot combiné n'avait été préparé, avait pu n'être pas mieux instruit que le commandant de la première division militaire.

Le défenseur passe ici au troisième délit, l'offense envers la personne du roi, et donne lecture du passage incriminé. *Qu'on y prenne garde, il est telle tête de citoyen qui vaut vingt têtes de rois, et dont on pourrait plus tard faire payer la perte bien cher. Celle de M. Carrel en est une.*

Il y a deux choses dans ce passage : 1.° La tête de M. Carrel vaut vingt têtes de rois ; 2.° si elle tombe on la paiera cher. Quant à la première idée, on n'y pourrait voir une offense envers qui que ce soit ; car, s'il existe un lien d'amitié entre M. Armand Carrel et M. Anselme Petetin, c'est le cri d'un ami qui apprend que la vie de son ami est menacée ; il n'y a rien là que tout le monde ne comprenne, cela est bien simple et tout naturel. Me Barrot rappelle le procès qui fut fait sous la restauration à M. de Saint-

Simon qu'on a, depuis sa mort, entouré d'une auréole divine. M. de Saint-Simon avait dit que si, par malheur, la famille royale venait à mourir, on trouverait des personnes capables de remplir, par exemple, le rôle de roi, de frère du roi, de neveu, de petit-fils du roi, et qu'en définitive on pourrait encore assez facilement remplacer toute la famille. La preuve en est, ajoute M.e Barrot, que nous avons bien trouvé le moyen de les remplacer, sans même attendre qu'ils fussent morts. Mais, disait M. de Saint-Simon, si la France perdait ses cinquante meilleurs négocians, ses cinquante meilleurs mécaniciens, ses cinquante meilleurs ingénieurs, etc., la perte serait irréparable et nous descendrions au dernier rang des nations. Le ministère public de cette époque vit dans cette espèce de parabole plus qu'une inconvenance, et accusa M. de Saint-Simon d'offense à la personne du roi; mais le jury comprit toute la distance qui sépare une inconvenance d'un délit, et M. de Saint-Simon fut acquitté.

M.e Barrot discute la seconde idée du passage incriminé, et explique que dans l'esprit de M. Anselme Petetin, la tête de M. Carrel était menacée par une justice exceptionnelle; que M. Petetin a eu dès-lors raison de dire que si elle tombait, on la paierait cher, et que ce n'est là que l'expression d'un sentiment très-légitime, le sentiment du droit et de la légalité.

Quatrième délit : *Excitation à la guerre civile.*

C'est toujours la même équivoque entre le gouvernement et le système ministériel. Le juste-milieu n'est pas le gouvernement, c'est la coterie qui l'entoure, qui l'endoctrine dans ses salons, et le pousse dans ses journaux. Le passage incriminé parle des quolibets et des déclamations stupides. Est-ce que les ministres font des quolibets et des déclamations stupides, du moins dans l'intervalle des sessions (rires dans l'auditoire.)? Ce n'est donc pas d'eux qu'il s'agit; à bien plus forte raison ne s'agit-il pas du gouvernement du roi.

Quant à la question du changement de système qu'espère et désire M. Anselme Petetin, M.e Barrot cite les doctrines de MM. Royer-Collard, Benjamin-Constant. Il rappelle le mot de Benjamin-Constant, que les changemens de ministère sont la soupape de sûreté des gouvernemens représentatifs. Il exprime un profond sentiment d'estime pour l'écrivain qui, en présence des lois outrageusement violées, a recommandé le calme à ses concitoyens; ce n'est pas seulement, dit-il, comme avocat que je parle ici, mais comme homme politique, et je déclare que le journaliste qui, au milieu de pareils événemens, possédé lui-même, comme on le voit à son langage, par les plus violentes émotions, entouré de passions frémissantes, a su se souvenir et rappeler à ses concitoyens que la loi doit dominer tous les orages, est à mes yeux un patriote digne de la plus haute considération et de la reconnaissance de son pays; et certes, il avait bien le droit d'espérer, comme tant d'autres, la chute d'un système qui afflige le pays de tant de maux. (Ces paroles sont accueillies par une explosion d'applaudissemens bientôt comprimés).

Me Barrot passe rapidement en revue les chefs d'accusation qu'il vient de réfuter, et ajoute :

Mais que sera-ce donc si je quitte ces détails pour m'élever à des considérations générales, et je suis plus dans mon droit sur ce terrain que le ministère public. Car s'il n'est pas permis à l'accusation de s'échapper hors des limites rigoureuses de l'article incriminé, le privilége de la défense est d'appeler à son aide tous les élémens dont se compose la moralité du journal et celle de son rédacteur, leurs antécédens, et les circonstances dans lesquelles ont été écrits les articles incriminés. Eh bien! si, usant de notre droit, nous entrons dans cette voie, combien de motifs n'y trouvons-nous pas, je ne dis pas seulement de justification pour l'écrivain, mais de douleur pour nous tous de voir une prévention là où il y avait un acte éclatant de courage et de loyauté!

Et d'abord examinons ses antécédens :

Si nous embrassons l'ensemble de la carrière parcourue par le *Précurseur* depuis que M. Anselme Petetin en a la direction (novembre 1831), nous y trouverons deux grands événemens, deux de ces épreuves où les hommes montrent à nu ce qu'ils sont et ce qu'ils valent. — Me Barrot rappelle ici quelle fut la conduite du *Précurseur* dans la révolution de Lyon, et comment il fit usage de son influence sur les ouvriers. Passant ensuite aux événemens du 5 et du 6 juin, il dit qu'alors ce n'est plus l'ordre, mais la liberté qui est menacée, et que le *Précurseur*, continuant son rôle de loyauté et de sagesse, se porte encore une fois là où est le danger, soutenant, suivant qu'ils sont attaqués, aujourd'hui l'ordre, demain la liberté.

Comme il y a deux grands événemens dans la carrière du *Précurseur*, il y a aussi, ajoute M.e Barrot, deux phases dans son opinion. D'abord, il se rallie franchement à la monarchie constitutionnelle sortie des barricades; rien de plus net que sa profession de foi (M.e Barrot lit un article du *Précurseur* du 4 décembre 1831). Ainsi, M. Anselme Petetin protestait alors qu'il combattrait au péril de sa vie toute tentative républicaine. Comment donc des opinions si tranchées, si sincères ont-elles fléchi vers d'autres théories? Comment se fait-il que, sans cesser de repousser toujours l'intervention de la violence et de la force brutale, il en soit venu à se désaffectionner du système qu'il avait embrassé d'abord? — Il le dit lui-même franchement, il s'est découragé, il a désespéré de concilier le principe monarchique avec les libertés du pays. On a dit qu'il y avait dissidence entre M. Anselme Petetin et son défenseur; je déclare qu'il n'y en a aucune entre l'opinion qu'il exprimait, il y a huit mois, et la mienne. La seule différence entre nous, c'est qu'il s'est découragé; tandis que je proclame dans toutes les circonstances, et que j'atteste dans toute la sincérité de ma conviction, que cette conciliation dont il désespère, moi, je la crois encore possible.

Eh! n'y a-t-il pas beaucoup de ces hommes de la résistance, qui de leur côté aussi, renégats consciencieux de leurs anciennes doctrines, ont désespéré de concilier certaines libertés avec l'ordre dont ils ont besoin à tout prix? N'y en a-t-il pas beaucoup parmi eux qui sont prêts aujourd'hui à faire le sacrifice de ces libertés pour lesquelles, sous la restauration, ils auraient voulu donner leur vie? — Eh bien! entre ces deux opinions découragées, je suis dans le juste-milieu et beaucoup de bons citoyens y sont avec moi.

Voilà à quoi se réduisent ces accusations de républicanisme qu'on prodigue avec tant d'imprudence et de maladresse. Comme si le gouvernement n'avait pas déjà assez d'ennemis, il faut déclarer que ces hommes, les plus dévoués, les plus courageux amis de la liberté, les plus disposés à donner leur sang pour sa défense, que ces hommes sont des énergumènes de république! Qu'au fond de toutes leurs utopies se trouve le retour du régime de 93, avec son cortége de proscriptions et d'échafauds ? Et tout cela pourquoi ? parce qu'ils se sont découragés. Ils ont très-grand tort sans doute ; car il faut savoir attendre ; qu'est-ce en effet que deux années dans la vie d'une nation ? Les révolutions ne se consolident que par la constance des amis de la liberté. Mais ce tort, cette faiblesse de caractère, est-ce donc quelque chose de si grave et de si impardonnable qu'il faille les aigrir par des calomnies, et les flétrir par des condamnations ?

Le journaliste a été sincère dans son dévoûment et sa confiance ; — il s'est découragé depuis. Eh bien ! moi, je le conjure d'avoir plus de foi aux principes enracinés dans nos cœurs à tous ! Quand nous serons parvenus à faire cesser ces émeutes qui inquiètent toutes les positions acquises, quand nous serons parvenus à calmer des irritations sans motif, et à répandre par le travail un peu de bien-être dans toutes les classes de la société, qui de nous voudra se souvenir de nos divisions actuelles ? qui de nous repoussera cette conciliation, juste récompense de tout le sang versé en juillet ?

Le défenseur combat ici cette doctrine, qu'il faut isoler le délit des circonstances où il a été commis, et déclare que rien n'est au contraire plus circonstanciel qu'un délit de presse. Il demande au jury s'il aurait vu du même œil la protestation des journalistes du 26 juillet, si elle eût été faite avant la publication des ordonnances.

Eh bien ! au mois de juin, ces circonstances, quelles étaient-elles ? Quoi ! on avait triomphé au nom des lois, et le premier soin était de les violer ! On ne se contentait pas de déchirer la constitution, on enlevait aux citoyens toutes les garanties que donne à leur honneur et à leur vie la loi, qui défend de les frapper sans juges et sans jurés ! Ce n'était pas assez encore ; une série d'articles semi-officiels viennent attiser le feu, exciter la vengeance, provoquer au meurtre ; ce n'est plus, disent-ils, au malheureux ouvrier qu'il faut s'en prendre, c'est à l'opposition, dont ils traduisent les doctrines en coups de fusil. On insère dans un journal ministériel la lettre d'un garde national supposé, qui déclare qu'à la première émeute, il sait bien où il faut marcher, et qu'il ira droit aux conciliabules de députés ; parce que c'est là que se trouve la source du mal... Mais ce n'est pas assez encore ; comme pour épuiser tous les termes de l'horreur et du dégout, paraît cette ordonnance de police, que je ne sais comment qualifier, cette ordonnance qui prescrit au médecin de se faire l'espion, le geôlier et le dénonciateur de celui qui lui a confié sa [illegible] de trahir le plus saint devoir de l'humanité, de guérir pour l'échafaud, et d'apposer le cachet du bourreau sur la plaie où il met l'appareil. — Cette ordonnance, on l'a retirée en rougissant, mais elle reste, comme un monument de la rage des partis, et de la folie à laquelle peut conduire l'énivrement d'une victoire remportée sur des concitoyens !

Eh bien ! c'est dans de pareilles circonstances, c'est quand il voit le pouvoir et les journaux s'exciter, se pousser mutuellement dans cette voie de violence et d'arbitraire, c'est alors que l'écrivain, qui sait d'avance qu'il va être saisi, mais qui comprend son devoir de citoyen en présence de la presse de Paris enchaînée, s'écrie : Mais ayez au moins de la pitié, car votre victoire est déplorable ! Et quand j'entendais tout-à-l'heure M. l'avocat-général lui faire un crime d'avoir demandé de la pitié pour les vaincus, je ne m'expliquais pas ces paroles : Point de pitié, disait-il ! comme si la pitié n'était pas le premier besoin après la victoire !

Point de pitié ! Et pour qui donc éprouverons-nous de la pitié, si nos yeux restent secs quand le sang de nos compatriotes coule à flots sur le pavé de nos rues ! Point de pitié pour des malheureux égarés un instant par de perfides suggestions ! Point de pitié pour nos frères ! Ah ! messieurs, si nous devons pitié au soldat étranger qui tombe sur notre sol qu'il venait envahir et dévaster, nous ne serions pas émus par ces hécatombes civiques que le malheur de notre temps offre en sacrifice à la divinité de l'ordre et de la loi ! — Les Romains, à la fin de leurs guerres civiles, avaient élevé un autel à la pitié, et nous, messieurs, c'est un autel à la terreur que nous bâtirions au milieu du pays ! Non, non ! pitié pour les victimes, pitié pour les sacrificateurs aussi, car ils accomplissent un triste devoir.

Et quand la constitution est violée, quand toutes les garanties sont perdues, si l'écrivain remplit son devoir en dénonçant la trahison de ceux qui devaient défendre les lois, éplucherez-vous péniblement quelques phrases pour en faire sortir un délit ?

Messieurs, il y a plusieurs sortes d'émeutes ; les unes

viennent du peuple, et celles-là on les réprime par l'emploi de la force que la loi a confiée à l'autorité ; les autres viennent du pouvoir lorsqu'il s'insurge contre la loi par des coups-d'état et celles-là on ne les réprime que par des révolutions ; et vous en conviendrez, le remède est dangereux, il ne faut pas le prodiguer.

Pas tant de colère contre l'écrivain qui a été saisi d'une si vive indignation à la nouvelle de l'état de siége ! Ah ! nous n'avons pas eu assez d'hommes insurgés contre l'état de siége ! On viole les lois, on déchire la constitution, et le soir nous allons au spectacle ! et nous ne nous couvrons pas de deuil ! et rien n'est changé dans nos habitudes de distractions et de plaisirs ! C'est que le sentiment du droit a bien peu pénétré dans nos cœurs ; c'est que nos mœurs politiques sont encore bien jeunes ! Oui, toutes les croyances sont affaiblies ! Quelle est donc votre garantie, à vous, négocians, propriétaires, si ce n'est le sentiment de la légalité ! Eh ! bien, quand le pouvoir lui-même vient briser les lois, quand il n'enlève à l'insurrection le drapeau rouge que pour l'arborer de ses propres mains, nous ne sentons pas qu'il y a là un grand malheur public contre lequel il ne saurait y avoir de trop énergiques manifestations !

C'est assez vous dire que loin de blâmer M. Anselme Petetin de sa conduite, je l'en loue, et je déclare que s'il y avait beaucoup de citoyens comme lui, il y aurait moins d'émeutes et du peuple contre le pouvoir, et du pouvoir contre les lois.

Je terminerai, messieurs, par cette espérance que ces débats n'auront pas été inutiles. Le propre du jury est de donner des avertissemens, non-seulement par des condamnations, mais aussi par le simple appareil de l'audience, et par la solennité de l'acquittement même. J'userai de mon privilège de défenseur pour féliciter le jeune rédacteur du *Précurseur* d'avoir déposé déjà dans son numéro de ce matin, une bonne pensée dont vous avez tous compris l'à-propos.

Je ne me lasserai pas de lui répéter qu'il faut relever son courage, qu'il faut prendre plus de confiance dans la puissance de nos institutions, qu'il doit bien se persuader qu'il remplit une mission, un apostolat, et que si ce caractère sacré anoblit la profession du journaliste, il impose aussi de pénibles mais d'inviolables devoirs.

Espérons donc qu'il restera de ces débats un peu plus

de bienveillance pour cette presse départementale, à laquelle la province est déjà redevable d'un commencement d'émancipation que la loi ne lui a pas assurée encore. Il est bien que l'affranchissement commence par la pensée, et à Paris en effet, on en est déjà venu à reconnaître qu'il est possible en province, d'avoir des idées à soi, et de se passer d'opinions toutes faites. Le *Précurseur*, messieurs, est un journal grave que la profondeur, l'énergie et le talent de sa rédaction ont placé à la tête des journaux de province et à côté des meilleures feuilles de Paris. Et vous le voyez déjà : grâce à lui, on commence à reconnaître qu'il y a, hors de la capitale, de la pensée et de l'originalité : vous voyez qu'à tout instant les journaux de Paris s'emparent de ses articles et lui rendent ainsi un hommage qu'une jalousie plus étroite aurait pu étouffer. Eh ! bien, étoufferons-nous à son début cette émancipation provinciale que nous avons appelée de tous nos vœux ? Vous ne le voudrez pas, messieurs, j'en suis convaincu, et je finis en vous disant, non pas, comme M. l'avocat-général, que pour tout homme de bonne foi, la cause est jugée, et que vous ne pouvez qu'acquitter; mais que tel est mon respect pour l'indépendance de vos convictions que, quel que soit le résultat de votre verdict, je ne cesserai pas de croire à votre bonne foi !

(*Les jurés se retirent dans la salle de leurs délibérations. Ils rentrent au bout de cinq minutes, et rendent un second verdict d'acquittement.*)

III. PROCÈS.

ARTICLE INCRIMINÉ.

(Précurseur du 10 juin 1832.)

Notre position devient difficile : la liberté de la presse n'existe plus. — Notre feuille du 8 juin a été saisie aujourd'hui à la poste et dans nos bureaux.

La *Tribune*, le *Courrier de l'Europe*, et d'autres journaux de Paris, ont reçu *défense de paraître*, et les scellés ont été apposés sur leurs ateliers.

C'est un acte de l'illégalité la plus évidente et qui n'a d'analogue que dans les ordonnances du 25 juillet. — Des mandats d'amener ont été lancés à Paris, contre plusieurs députés et écrivains.

Nous savons que demain le numéro du *Précurseur* doit être encore saisi, et que l'arrestation de son rédacteur en chef sera opérée en même temps.

La liberté de la presse est donc anéantie.

Mais il ne sera pas dit que nous ayons reculé devant l'accomplissement d'aucun devoir, et nous userons jusqu'à la fin de tous nos droits : ce serait une insigne lâcheté que de s'humilier devant ces petits coups-d'état du juste-milieu, et nous écrirons librement notre pensée jusqu'au dernier moment, en invoquant l'avenir pour nous faire raison des violences dont nous pourrons être l'objet.

Nous devons même déclarer ici que l'arrestation préalable des écrivains n'étant autorisée par aucune loi, nous aurions regardé *en d'autres circonstances* comme une obligation rigoureuse de résister par la force à son exécution ; mais aujourd'hui nous ne voulons point, à quelque prix que ce soit, amener un conflit que certaines gens désirent ardemment voir s'engager à Lyon, comme à Paris. Nous voulons que la responsabilité des mesures illégales auxquelles nous allons être en butte, retombe toute entière et clairement sur ceux qui s'en sont rendus coupables.

Nous faisons donc, dès aujourd'hui, nos réserves pour le temps où la justice aura repris son cours.

Il est maintenant trop évident que le gouvernement a cherché des précautions infinies pour changer complètement la couleur des terribles événemens dont Paris vient d'être le théâtre. — Les feuilles indépendantes toutes saisies le jour où elles contenaient le récit des faits, les feuilles salariées expédiées le même jour aux préfets par ballots énormes pour être distribuées partout à profusion ; le langage uniforme des journaux ministériels qui se copient les uns les autres et qui écrivent sous un système organisé de mensonge ; leur style violent et ridicule à force d'exagérations, tout cela frapperait des aveugles, et Dieu merci nous ne le sommes pas.

Autant que nous le pourrons ces précautions seront vaines. A Lyon du moins, la vérité sera connue, et cette atroce comédie sera sifflée par les citoyens indignés.

Or, la vérité, la voici dans sa simplicité. Déjà (on a pu le voir par ce que nous avons écrit hier) nous l'avions soupçonnée sur la seule confrontation des témoignages ; aujourd'hui des renseignemens particuliers nous arrivent de plusieurs sources, et nous avons *la certitude* la plus entière des faits que nous allons avancer.

Premièrement, il n'y avait dans le convoi du général Lamarque d'autre conspiration que celle de la police. — Nous portons dès à présent le défi *le plus formel* et *le plus solennel* de prouver qu'il y eût complot républicain dans cette affaire. L'autorité va se trouver maîtresse de beaucoup de prisonniers et de documens multipliés : il est impossible qu'elle ne parvienne pas à posséder des pièces propres à convaincre tout le monde de la réalité de cette conspiration *carlo-républicaine* dont elle remplit maintenant ses journaux.

Eh bien ! cette démonstration, nous disons qu'elle ne la fera pas, et nous prions nos lecteurs de se souvenir du défi que nous portons ici. Ils sauront par-là jusqu'à quel point la faction qui nous gouverne ose se moquer du bon sens public.

En second lieu, et ceci découle naturellement de ce que nous venons de dire, l'aggression contre le cortége mortuaire avait été préparée, et les dragons qui ont chargé tout-à-coup avaient été placés auprès de l'Arsenal comme on pose une embuscade qui attend l'ennemi. — Des généraux qui faisaient partie du cortége avaient été avertis par des gens bien informés de se retirer dès qu'on arriverait à l'Arsenal.

Du reste, nous prions de recourir aux extraits de journaux ministériels que nous avons cités, en les réunissant, *deux jours avant* que les faits fussent venus donner à nos soupçons une si horrible confirmation.

Troisièmement, nous dirons que l'homme qui portait ce *drapeau rouge* au sujet duquel les journaux salariés ont fait tant de jolies phrases, était tout simplement un agent de police ; nous affirmerons, en outre, que l'homme qui a orné le drapeau rouge d'une énorme couronne d'immortelles est un nommé *Borgia*, agent de police depuis juillet 1830.

Enfin, comme il n'y avait nul plan républicain, ni parmi les *Amis du peuple*, ni ailleurs, nous déclarons que le combat ne s'est engagé que quand les dragons ont eu exécuté sans provocation et sans sommation, une charge furieuse sur les masses immenses qui étaient concentrées autour de l'estrade. — Cette attaque inopinée exaspéra la foule où le cri *Aux armes !* retentit aussitôt. Le plus grand nombre des spectateurs s'enfuit dans toutes les directions. Une poignée de jeunes gens et d'ouvriers se mit seule en défense. Ils se retirèrent sur le faubourg Saint-Antoine en s'emparant des armes qu'ils trouvèrent sur leur passage et commencèrent cette bataille immortelle où quatre ou cinq cents hommes ont tenu tête pendant trente heures à cinquante mille hommes de troupes de ligne et de gardes nationales.

Poursuivis de rues en rues, et habilement poussés sur un seul point, les jeunes gens se sont enfin trouvés resserrés au cloître St-Méry et sur la place des Innocens ; c'est là qu'un dernier combat s'est engagé, et ces faibles pelotons, déjà décimés par une journée entière de fusillade, n'ont pu être vaincus et brisés que par une batterie tirant à mitraille pendant plus de trois heures.

Telle est la vérité sur cette effroyable catastrophe.

Il serait maintenant bien inutile de réfuter l'une après l'autre toutes les inventions que les journaux salariés ont reçu l'ordre de publier. La résolution est prise, nous l'avons dit, d'égarer l'opinion; et c'est en partie pour cela que la mise en état de siége a été décidée, quand déjà tout était fini. On a voulu, par cette mesure extra-légale, couvrir les violences qu'on avait résolu d'employer contre la presse pour étouffer la vérité.

La vérité pourtant ressort éclatante de la seule inspection des événemens, et peu à peu l'opinion publique, mieux éclairée, fera justice de cette abominable machination. On va nous emprisonner pour l'avoir dite ; elle n'en deviendra que plus claire, et ce n'est pas inutilement que nous aurons rempli notre devoir.

Il est aussi tout-à-fait superflu d'exprimer ici les sentimens qu'a fait naître en nous la connaissance des faits que nous venons de raconter. Les circonstances commandent le calme, et toute passion même généreuse, serait un malheur et une faute. — Nous prions donc instamment les citoyens de s'abstenir de toute manifestation qui ne serait pas conforme à la dignité qui leur convient de garder. Quand les lois sont violées par ceux qui devraient les défendre, le peuple doit donner une grande leçon par l'exemple de sa soumission à leur autorité.

Nous entrons dans une voie nouvelle ; le pouvoir s'affranchit de toute règle ; il veut user de la violence, et, fier de la victoire, s'imaginant sans doute que Charles X n'est tombé que pour ne s'être pas entouré de suffisantes forces matérielles, il persiste dans un système dont nous n'avons pas cessé de lui signaler les périls.

Au milieu de la guerre civile dont Paris vient d'être le théâtre, trois députés se sont rendus auprès de Sa Majesté pour la supplier de sortir de la voie où de mauvais conseils l'avaient engagée et dont les événemens actuels devaient lui démontrer le danger. — Si nous en croyons des correspondans qui ne peuvent ni s'être trompés ni avoir été trompés, le roi aurait fort mal reçu ces messieurs et repoussé rudement des conseils qu'il n'avait point demandés. Sa Majesté aurait même daigné faire remarquer aux députés avec une expression spirituellement railleuse (et selon nous, avec raison,) que le gouvernement représentatif ne permettait pas que le roi reçût d'avis d'une minorité parlementaire, quelque considérable qu'elle fût et encore moins d'une fraction presque imperceptible dans une chambre qui approuvait en masse le système présentement suivi.

C'est donc à l'opinion qu'il faut demander cette majorité, et aussi aux fautes du pouvoir qui ne peuvent que se multiplier de plus en plus, car on ne retrograde pas dans la route où il est entré.

Aujourd'hui surtout, le juste-milieu, comme nous l'avions prévu, est énivré de sa victoire. Les journaux ministériels sont vraiment dans le délire, et leurs déclamations sur l'anarchie *carlo-républicaine* dépassent tout ce qu'on pouvait attendre de ridicule et de forcené. L'un d'eux (la *Constitution de* 1830) prodigue l'insulte à un vieillard entouré de la vénération des Deux-Mondes, et persiffle avec une fatuité pleine de cette insolence que donne la protection de la police, les trois députés qui ont cru devoir faire à Sa Majesté la visite dont nous parlions plus haut.

Nous verrons pourtant si le pays se soumettra sans murmure au régime militaire qu'on lui impose; nous verrons s'il se laissera enlever successivement la liberté de la presse, la liberté individuelle, la liberté de la parole; s'il verra sans s'émouvoir mettre en état de siége sur les moindres prétextes toutes les villes et les provinces où il plaira au juste-milieu d'exercer son pouvoir arbitraire. — Déjà nous connaissons des gens qui s'inquiètent de voir la capitale mise hors la loi et livrée uniquement à l'autorité du sabre; déjà on s'effraie de ces exécutions militaires dont on a voulu se ménager le facile plaisir. — Même les hommes un peu clairvoyans, qui sont dans le juste-milieu, commencent à concevoir quelques doutes sur la durée d'un système qui s'appuie sur de pareils moyens. Pour nous, nous le disons avec une pleine franchise: de quelque horreur que nous ayons été saisis au spectacle de ce qui vient de se passer, nous n'avons jamais espéré plus fermement qu'aujourd'hui le triomphe de l'ordre et de la liberté.

Les patriotes doivent serrer leurs rangs : il n'y a plus de nuances d'opinion en face d'un système tout rouge de sang. — Leur cri de ralliement doit être : *la liberté et l'ordre!* L'ordre surtout; car c'est là le besoin le plus ardent du pays, et nos doctrines seules peuvent y satisfaire; l'ordre dont nos jongleurs doctrinaires se sont si effrontément attribué le monopole. — Quel ordre, grand Dieu! que l'ordre des doctrinaires!

La garde nationale de Paris et la troupe de ligne se sont admirablement conduites dans la triste bataille qui vient de finir. Si nous avons donné de justes louanges à l'héroïque désespoir de quelques jeunes gens écrasés par une armée entière, nous ne serons pas assez aveugles pour refuser des éloges à l'ardeur qu'ont montrée l'armée et la faible partie des légions civiques qui ont pris part au combat, quoique leurs balles fussent dirigées sur des amis qui nous étaient bien chers.

Trompées par des machinations de tout genre, elles ont cru réprimer une révolte, quand elles ne faisaient qu'accabler des malheureux qui se défendaient contre une violence illégale ; elles s'imaginaient combattre les alliés des brigands de la Vendée, quand elles tiraient sur de braves citoyens ; — mais leur dévoûment n'en est pas moins honorable. — Elles croyaient avoir à faire à toute une population, tandis qu'elles n'avaient devant elles que quatre ou cinq cents hommes ; l'intérêt du ministère était d'accroître leur ardeur en grossissant le danger. Le calcul des morts et des blessés les convaincra qu'on s'était moqué d'elles, mais leur triomphe peut avoir été moins périlleux, sans que leur courage soit moins glorieux.

Aujourd'hui on va s'efforcer de leur faire croire qu'elles ont remporté une victoire complète sur l'insurrection coalisée, préparée, préméditée des partis carliste et républicain ; on va les gorger d'éloges emphatiques que le bon sens leur fera apprécier à leur exacte valeur ; on va les caresser, les énivrer si l'on peut, pour les attacher en séides au système du présent et de l'avenir. Mais ces manœuvres n'auront pas un long succès.

Nous remarquerons d'ailleurs, à cette occasion, que les journaux ministériels commettent une erreur un peu singulière, en affirmant que *la garde nationale tout entière, intrà* et *extrà muros*, était accourue sous le drapeau. — Les mêmes feuilles annoncent que le total des combattans, du côté de l'autorité, était de 50,000 ; un peu plus bas, elles disent que les troupes de ligne actuellement à Paris s'élèvent à 40,000 hommes. Ce serait donc, à leur compte, 10,000 gardes nationaux sur 95,000 environ dont se composent les quatorze légions, c'est-à-dire un homme sur neuf.

On voit qu'il faut se défier des récits des journaux ministériels. L'opinion sera bientôt éclairée sur tous les points, et les événemens de Paris produiront alors sur l'esprit public leur effet naturel.

L'état de siége, pour lequel le gouvernement professait une si profonde aversion quand il s'agissait de l'appliquer à la Vendée, va lui donner à Paris le pouvoir d'étouffer légalement cette presse indépendante contre laquelle on ressent tant de haine. Elle lui offrira de plus la faculté de se défaire aussi légalement de quiconque le gêne maintenant ou pourrait le gêner à l'avenir. — Quant à nous, nous nous efforcerons de suppléer à la presse de Paris, devenue muette ; nous sommes heureux et fiers de représenter ici un principe pour lequel la France a prouvé son attachement, et, appuyés sur la loi, nous remplirons sans hésiter des devoirs qui, nous l'espérons, ne nous trouveront pas au-dessous d'eux.

Anselme Petetin.

(M. l'avocat-général Vincent-St-Bonnet, qui paraît très-piqué de deux acquittemens successifs prononcés par le jury, lui adresse seulement quelques mots d'un ton de mauvaise humeur.)

JE tâcherai d'être aussi sommaire que l'accusation; vous venez, messieurs, de juger identiquement la question que l'on vous soumet de nouveau. Il s'agit toujours de savoir si la police est le gouvernement. Le *Précurseur*, il est vrai, affirme un fait : c'est celui de l'ambuscade des dragons; mais le fait est exact. Peut-être les dragons avaient-ils été postés dans un but de prévoyance; toujours est-il que leur subite apparition a pu amener des désordres dans la foule, les désordres ont provoqué les charges, et les charges des représailles. — On a vu dans ce fait une intention plus ou moins préméditée; mais affirmer un fait exact, ne saurait être un délit.

M. Barrot lit un article du *Journal du Commerce*, qui a donné lieu à des poursuites pour allégations semblables, et qui a été acquitté par le jury. Il fait ressortir tous les avantages que donne à M. Anselme Petetin son éloignement du théâtre de la lutte sur un journaliste placé près des lieux, et en mesure de se procurer tous les renseignemens.

J'ai un remords, ajoute M. Barrot; dans ma première réplique, j'ai oublié d'opposer à M. l'avocat-général une autorité qu'il ne voudra certainement pas récuser (1). Je ne sais jusqu'à quel point M. Thiers, député, engagé dans tous nos débats politiques, partie en quelque sorte au procès, peut être une autorité; je lui opposerai dans tous les cas, l'autorité d'un homme neutre et désintéressé, de M. Thiers, historien.

Le directoire aurait voulu encore des lois sur la liberté de la presse. La constitution la déclarait illimitée, sauf les dispositions qui pourraient devenir nécessaires pour en réprimer les écarts. Les deux conseils, après une discussion solennelle, rejetèrent tout projet de loi répressive. Les rôles furent encore intervertis dans cette discussion. Les partisans de la révolution, qui devaient être partisans de la liberté illimitée, demandaient des moyens de répression; et l'opposition, dont la pensée secrète inclinait plutôt à la monarchie qu'à la république, vota pour la liberté illimitée : tant les partis sont

---

(1) M. l'avocat-général dans son premier réquisitoire avait lu d'un air triomphant un long fragment emprunté à la préface de la brochure publiée il y a quelques mois par M. Thiers, et qui lui semblait un argument décisif pour la condamnation de M. Anselme Petetin.

gouvernés par leur intérêt! du reste, la décision était sage. La presse peut être illimitée sans danger : Il n'y a que la vérité de redoutable ; le faux est impuissant ; plus il s'exagère, plus il s'use. Il n'y a pas de gouvernement qui ait péri par le mensonge. Qu'importe qu'un Babœuf célébrât la loi agraire, qu'une quotidienne rabaissât la grandeur de la révolution, calomniât ses héros et cherchât à relever des princes bannis! Le gouvernement n'avait qu'à laisser déclamer : huit jours d'exagération et de mensonge usent toutes les plumes des pamphlétaires et des libellistes. Mais il faut bien du temps et de philosophie à un gouvernement pour qu'il admette ces vérités. Il n'était peut-être pas temps pour la convention de les entendre. Le directoire, qui était plus tranquille et plus assis, aurait dû commencer à les entendre et à les pratiquer. (Histoire de la révolution française.)

M. Thiers a raison, ajoute M. Barrot; les poursuites irritent sans imposer silence à la contradiction; mais si les gouvernemens perdent patience, les jurés, dieu merci, ne se lassent pas de faire justice.

(Les jurés se retirent dans la salle de leurs délibérations, ils rentrent dix minutes après, et prononcent un 3e verdict d'acquittement.)

IVe PROCÈS.

(Article du 10 juin, nécessaire pour l'intelligence des faits.)

PROTESTATION.

Les cris de triomphe poussés par la faction qui s'est emparée du pouvoir ne doivent pas étouffer la voix des amis de l'ordre et de la liberté. Il importe que les citoyens indépendans jettent sur les scandaleuses violences dont nous sommes témoins une flétrissure qui sera consacrée par l'histoire. Il faut que les hommes de bon sens manifestent à la face du pays leur indignation et leur mépris pour les sanglantes comédies dont Paris vient d'être le théâtre, et qu'on tentera sans doute de répéter sur d'autres points de la France. Il faut que la vérité soit connue au sujet de ces terribles événemens, que le public soit désabusé des fausses notions répandues dans les esprits par la presse officielle et ministérielle. Il faut que ces mensonges, arrangés avec une astuce criminelle, soutenus d'ailleurs par la violence dont on a usé envers la presse indépendante, trouvent une énergique dénégation dans le témoignage solennel des hommes honnêtes et raisonnables. Il faut enfin que la liberté de la presse, violée avec une impudeur inouie à l'égard des journaux de Paris, soit défendue dans les départemens par tous ceux qui ont une plume et une pensée indépendantes.

La mise en état de siége de la capitale de la France, quand la parfaite tranquillité de la cité était attestée par l'autorité elle-même, indique des intentions sanguinaires qui ne seront point satisfaites sans que les organes de l'opinion aient protesté au nom de l'avenir contre les horreurs qui se préparent.

La déclaration d'incompétence faite par la cour royale de Paris pour des délits antérieurs à la mise en état de siége, et par conséquent la rétroactivité de la loi martiale, sont une monstruosité inconnue dans l'histoire des nations civilisées. Si le pouvoir né de la plus belle et de la plus pacifique des révolutions s'en rend coupable, ce ne sera pas sans un désaveu formel des citoyens qui ont le plus ardemment coopéré et le plus sincèrement applaudi à la fondation de ce régime.

Le pouvoir s'est placé en dehors de la constitution ; lui-même le proclame dans ses journaux : il s'en glorifie, et, comme tous les pouvoirs usurpateurs, il affirme qu'il n'a brisé la loi du pays que pour sauver le pays. C'était aussi la prétention des auteurs des ordonnances du 25 juillet 1830 : le peuple des barricades a réfuté ce sophisme.

La position nouvelle qu'a prise le pouvoir, en foulant aux pieds les droits consacrés par la charte de 1830, place aussi les citoyens dans une position différente de celle qu'ils occupaient avant cette violation du pacte constitutionnel. La presse départementale doit constater ce nouvel état de choses, pendant qu'elle est libre encore, et le *Précurseur* déclare dès aujourd'hui qu'il se croit à l'avenir d'autres obligation que celles qu'il s'était imposées jusqu'à ce jour, avec un respect religieux.

Les saisies successives dont ce journal est l'objet, l'arrestation illégale qui a été projetée contre son rédacteur, ne permettent pas de douter qu'un système suivi d'oppression ne menace les journaux des départemens comme il a frappé les journaux de Paris. On veut à tout prix empêcher que les provinces sachent la vérité sur le guet-apens dont les suites ont ensanglanté la capitale, et pour cela on est décidé à employer la force matérielle, à opérer par la crainte comme par la ruse.

Mais ce misérable essai de *terreur* de la part d'une faction dont la violence croît à mesure que sa faiblesse devient plus évidente par son isolement des masses, tombera devant la résolution de quelques hommes de cœur et l'attitude de la

3

nation. Il est fait, certes, pour inspirer plus de pitié que de crainte.

Toutefois, les rédacteurs du *Précurseur* croient devoir déclarer qu'aussi loin que soit poussée cette tentative, elle les trouvera décidés à y résister par tous les moyens qui seront en leur pouvoir; unanimes dans leur opinion et dans leurs sentimens sur les attentats dont le pouvoir vient de se rendre coupable, ils sont résolus à se prêter un mutuel secours jusqu'à ce que ce système de déception et de violence ait été vaincu. Ce n'est donc point par son gérant seul que le *Précurseur* doit être représenté aux yeux des violateurs de la liberté de la presse, mais successivement par chacun des soussignés, ou par tous à la fois.

Soutenir jusqu'à la fin le droit de penser et d'écrire, pour lequel le peuple de juillet a versé son sang, et qui est maintenant notre seule garantie réelle contre les projets des ennemis de la liberté, c'est pour eux un devoir et un honneur.

Anselme Petetin.
Eugène du Faitelle.
Jules Favre.
P. E. Prud'hon.
Théodore de Seynes.
Castellan, aîné.
P. Lortet.

(FRAGMENS INCRIMINÉS DANS LES ARTICLES DE CE N°)

On a vu avec quels ménagemens nous avons raconté les tristes résultats de la visite faite à Louis-Philippe par les députés de l'opposition. Plus le rôle du roi dans la conversation qui a eu lieu en cette circonstance nous paraissait déplorable et impopulaire, plus nous l'avons dissimulé sous l'ambiguité des formes. Le *Courrier* fait beaucoup moins de façons : si nous eussions fait parler le roi en des termes pareils, nous eussions excité les clameurs lamentables de tout le juste-milieu.

. . . .

Enfin, on veut bien nous instruire comme il suit, des motifs qui ont fait destituer l'un des meilleurs maires de Paris, un homme qui jouit de la plus haute considération : son crime est horrible; vous allez voir :

Par ordonnance du roi insérée au *Moniteur* d'aujourd'hui, M. Marchand, maire du 7e arrondissement de Paris, est révoqué.

M. Marchand était fort lié avec M. Garnier-Pagès, membre de la chambre des députés et président de la société *Aide-toi le ciel t'aidera*.

Ce député étant violemment soupçonné d'être un des moteurs de l'insurrection, des gardes nationaux se rendirent chez M. Marchand pour demander qu'on le leur livrât, et le remettte entre les mains de l'autorite compétente.

M. Marchand répondit *qu'il n'était plus chez lui.*

Un mandat d'amener a été décerné contre M. Garnier-Pagès.

Quel régime nous annonce un pareil langage ?

Heureusement tant de folie ne peut mener loin ces hommes de désordre et de sang.

. . . .

— La reine s'est transportée auprès d'un grand nombre des blessés de la journée d'hier, pour leur porter les secours les plus généreux.

(*Nouvelliste.*)

Nous ne savons pas comment on peut avoir l'impudeur de parler de *générosité* avec la liste civile que nous aumônons à Louis-Philippe. Quand même il tirerait ces sommes de son épargne, quels dons pourraient être assez élevés pour ceux qui, dans le seul intérêt de sa dynastie, ont exposé courageusement leur vie ?

. . . .

Les misérables factieux qui viennent d'attaquer le gouvernement à main armée, inspirent sans doute une indignation générale ; mais, parmi eux, que d'individus égarés par de perfides suggestions, par un infâme embauchage, par des provocations sans cesse répétées ! Si les agens secondaires de ces scènes de carnage sont dignes de toute la sévérité des lois, il y a des hommes plus coupables encore : ce sont ceux qui ont propagé l'esprit de révolte, qui ont organisé et soudoyé les bandes dont l'audace meurtrière a répandu le deuil dans la capitale.

(*France Nouvelle.*)

Ce n'est pas sans la plus vive colère, tempérée pourtant par un mépris plus profond encore, que nous lisons ces lignes dégoûtantes. Oui, il y a un *infâme embauchage*, de *perfides suggestions* : il y a eu des agens provocateurs, et ceux-là seuls sont coupables. Mais ce ne sont pas les patriotes dont la généreuse imprudence cherche le grand jour : c'est la police qui vous jette un vil salaire, c'est la police qui a provoqué des démonstrations hostiles au gouvernement. D'ailleurs, ces *misérables factieux*, comme vous les appelez, après avoir été indignement amenés à une défense légitime, ont montré autre chose qu'une *audace meurtrière*. Ils ont fait preuve d'un héroïsme sublime qui aura sa page à côté des plus belles pages de l'histoire. Quand il a fallu 40 heures à une armée de 50,000 hommes pour en écraser 500, on doit éprouver pour ceux-ci au moins une grande admiration.

M. Odilon-Barrot a la parole.

Je donnerai sur ces passages quelques explications, et en vérité c'est parce que j'ai joué un rôle dans la visite au roi dont il est question dans l'article.

M. Barrot dément les journaux ministériels qui se sont plus à substituer à l'accueil bienveillant que les députés reçurent de Louis-Philippe, un accueil disgracieux qui n'est pas dans le caractère du roi. Le *Précurseur* a accueilli leur version, il n'y a pas là délit.

Quand au second chef, M. Anselme Petetin, dans l'interrogatoire qu'il vient de subir, s'est exécuté, ou plutôt a exécuté l'article, car il n'est pas de lui. Le mot *aumône* est inconvenant; et personne d'ailleurs ne prendra pour une aumône les vingt ou trente millions que nous donnons au roi. Le *Précurseur* a eu tort encore, je crois, de chercher à diminuer le mérite des libéralités que fait le roi sur une liste civile qui est sa propriété, et dont il pourrait faire un autre usage. Ce peut être là une opinion fausse, mais ce n'est pas un délit.

Le défenseur engage le jury à persister jusqu'au bout dans la voie où il est entré. Il compte que, désespérant de tuer la liberté de la presse, on s'habituera à vivre avec elle, et termine en disant que le *Précurseur* n'usera jamais de l'influence que peut lui donner sa franche opposition, que pour le maintien de l'ordre, la défense des lois et de la liberté.

(*Le jury se retire, et au bout d'un quart d'heure de délibération, rend un quatrième verdict d'acquittement. Des applaudissemens unanimes éclatent dans l'auditoire, et ne peuvent être comprimés par les efforts de M. le président.*)

DÉFENSE

DE M. ANSELME PETETIN,

RÉDACTEUR EN CHEF DU PRÉCURSEUR.

MESSIEURS,

Il m'est bien permis d'éprouver quelque surprise en m'asseyant aujourd'hui sur ce banc où hier encore vous voyiez des assassins et des voleurs. Peut-être partagerez-vous ce sentiment, car il est dans les mœurs de notre tems, il est dans l'atmosphère de notre siècle, et il ne vous est pas donné de vous soustraire à ces influences. Malgré vous, vous êtes étonnés d'avoir à porter des peines matérielles pour des faits commis par la pensée seule; d'avoir à punir des délits qui n'ont blessé les intérêts de personne; et de frapper mon corps pour des actes sortis de ma conscience.

En effet, messieurs, si, contre mon espoir, vous parveniez à étouffer ce sentiment qui vous dit que la conscience et la pensée sont hors des atteintes de la force matérielle; si, pour des délits imaginaires, qui ne subsistent que dans l'esprit de mes accusateurs et dont vous chercheriez vainement la trace dans le préjudice que j'aurais causé à la fortune ou à la personne de mes concitoyens; si, pour de simples paroles adressées à l'intelligence de ceux qui m'entourent et que leur intelligence adopte ou rejette, quel que puisse être votre arrêt; si vous me priviez de ma liberté; si vous condamniez, comme on vous le demande, ma jeunesse à une longue captivité, qu'attendriez-vous de votre décision? quel fruit espéreriez-vous en recueillir pour l'intérêt général? C'est une question qu'il est de votre devoir de peser: car vous n'êtes point, comme on voudrait le consacrer en principe, des instrumens serviles de condamnations, aveugles sur les suites de l'arrêt que vous allez prononcer, mais des êtres intelligens auxquels il est interdit de se séparer de leur conscience et de leur moralité.

Il fut un temps, messieurs, où un homme était torturé, brûlé vif, écartelé, pour avoir douté du mystère de la Trinité, pour avoir laissé échapper une raillerie sur l'immaculée conception. Aujourd'hui cela vous paraît absurde; vous ne comprenez pas que des supplices aient été infligés pour arrêter le libre exercice de la pensée; vous ne concevez pas que les maîtres du monde aient pu espérer de comprimer par la force brutale l'élan de l'intelligence, de dompter cette énergie de la conscience qui refuse d'abandonner la vérité qu'elle a conquise.

Que faisons-nous donc aujourd'hui? — Les mots ont changé, les sujets de persécution ne sont plus les mêmes; les croyances religieuses importent peu à un pouvoir aveugle qui vit au jour le jour, et professe en toutes choses le mépris de la conscience; — mais la violence a été portée de l'ordre religieux dans l'ordre politique; on veut soutenir l'édifice de la loi actuelle par les mêmes moyens qu'employaient nos pères pour garantir leur loi mystique. Le moyen-âge n'avait qu'un code pour la société féodale, la foi chrétienne; maintenant le pouvoir n'a plus d'autre code que la foi monarchique; on veut nous imposer l'un comme on imposait l'autre.

Si par malheur, messieurs, je ne pouvais faire entrer dans mon esprit le mystère du gouvernement aux trois pouvoirs et le dogme de la trinité représentative; si j'éprouvais pour l'infaillibilité royale la même répugnance que ressentait Luther pour l'infaillibilité papale; si le dogme de l'hérédité me paraissait vicieux et immoral, et que pour tous ces crimes involontaires, vous me condamnassiez au seul supplice que permette la civilisation de notre siècle, n'imiteriez-vous pas ces persécuteurs d'un autre temps, dont vous plaignez maintenant la brutale folie? — Ne compromettriez-vous pas de la même façon les dogmes que vous voulez défendre en les entachant de ce sacrilége qui consiste à violenter la pensée? — Feriez-vous autre chose que copier cette inquisition dont le nom est arrivé jusqu'à nous, et traversera notre postérité entouré de l'horreur des générations?

Je pose la question dans toute sa simplicité.

Maintenant, établirez-vous une distinction entre la pensée et la parole, entre la parole et la presse?

Mais qu'est-ce que la pensée, si elle n'est pas manifestée par la parole? — Qu'est-ce que la presse, si ce n'est un mode de manifestation tout-à-fait semblable par sa nature, mais seulement plus actif et plus fécond ? — Et, d'ailleurs, pourquoi la parole, cette faculté naturelle de l'homme, serait-elle moins sacrée, moins inviolable que la faculté de la pensée ? L'une peut-elle être étouffée plus que l'autre ? L'une existe-t-elle sans l'autre ?

Ainsi on roule d'absurdité en absurdité dès qu'on sort du principe humain, du principe éternel de la liberté illimitée ; dès qu'on cherche à entraver le développement de l'une des facultés de l'homme ; dès que la force veut lutter contre son insaisissable ennemie, l'intelligence ; dès qu'on prétend punir autre chose que des actes accomplis, et protéger autre chose que des intérêts attaqués.

Je rougis, messieurs, de vous traîner dans ces trivialités, niaises à force de vérité. Et pourtant la question que vous avez à juger n'est pas autre que celle que je viens de poser ; c'est toujours le droit de penser que le pouvoir met en question quand la pensée le menace ; c'est toujours la liberté de la parole qu'il veut anéantir, quand la parole sincère est une accusation contre lui. Et pourtant la conclusion de tous ces vieux axiômes est une autre trivialité qu'on refuse de faire entrer dans la loi politique : la liberté absolue, sans restriction de l'examen, de la discussion et du blâme ; et pourtant je me vois assis sur le banc des coupables, ne comprenant pas mon crime, et ne me trouvant pas un remords.

Ne croyez pas, messieurs, qu'absorbé par mes intérêts et mes passions de journaliste, je veuille, en demandant la liberté, faire tolérer la licence ; que je cherche à ôter à l'Etat, qui doit, comme tout être, défendre son existence, les moyens de repousser l'aggression des minorités dont l'intérêt et le but sont de le détruire ; ne croyez pas que je veuille enlever aux citoyens la protection que la loi doit leur offrir contre la diffamation. Non, certes, je n'oublie pas que le régime dont j'appelle de tous mes vœux le paisible avénement sera obligé de lutter aussi contre des factions ; et je ne veux point qu'il reste désarmé devant elles. Il faudrait avoir une bien courte vue politique pour anéantir ainsi d'avance les forces légitimes dont on aura besoin plus tard.

Il y a délit de presse, dès que l'écrivain, quittant le champ de la discussion, fait un appel direct à la révolte ; car alors ce n'est plus une pensée qu'il jette à la méditation : c'est un drapeau qu'il porte sur la place publique ; car il commet un acte de rébellion contre le gouvernement établi qui doit se défendre et punir son ennemi, si le concours de la majorité n'aide pas l'écrivain, et ne renverse pas le pouvoir comme cela se vit en 1830.

Non, certes, je n'oublie pas non plus que j'ai, comme vous, messieurs, un foyer de famille dont je veux que le secret soit respecté; et, bien loin d'encourager la violation de la vie privée, je suis le premier à reconnaître que nos lois ne sont pas aujourd'hui assez sévères pour ce genre de délit que l'extention de la presse rend si facile et si redoutable; je suis le premier à demander que de meilleures mesures protégent les citoyens contre la publicité de la diffamation.

Mais ne comprenez-vous pas la différence qu'il y a entre cette protection assurée par tous les citoyens à chacun d'entr'eux, et l'usurpation de quelques-uns sur la liberté de tous? Ne comprenez-vous pas que si nous avons tous intérêt à obtenir la réparation du préjudice porté à chacun d'entre nous, nul d'entre nous n'a le pouvoir de s'ériger en directeur de la pensée d'autrui, d'usurper le droit qu'a la société seule de repousser telle ou telle doctrine?

Le gouvernement, dira-t-on, représente la société. — Je ne veux pas, messieurs, rechercher jusqu'à quel point le gouvernement actuel peut approcher de la perfection; je ne veux pas essayer de démontrer qu'il ne représente réellement que les intérêts d'un très-petit nombre, et qu'il marche au rebours des idées de notre siècle.

Je consens à admettre que notre gouvernement est le meilleur de tous les gouvernemens possibles, et je dis que même au plus haut point de perfection, le gouvernement ne représente pas la société et ne peut pas s'arroger les droits qui n'appartiennent qu'à elle seule. — La société, messieurs, n'est pas le présent séparé du passé et de l'avenir, c'est tout à la fois les faits qui meurent, les faits qui vivent, les faits qui naissent.

La société ne peut se distinguer des idées et des intérêts qui ont existé et qui peu à peu s'éteignent, des idées et des intérêts qui arrivent dans le monde et qui grandissent pour régner à leur tour, pas plus que vous ne pouvez scinder dans une nation la génération qui périt, de la génération qui s'avance; pas plus que vous ne pouvez dans un peuple séparer l'enfance de la vieillesse et de la virilité.

Or, un gouvernement parfait ne représente que le présent. Sa mission est de combattre aussi bien les principes qui tombent que les principes qui s'élèvent ; de lutter contre les innovations qui détruisent sa nature, et contre les hommes qui viennent prendre sa place, aussi bien que contre les principes et les hommes qu'il a renversés pour s'établir.

Ainsi, messieurs, le gouvernement le plus parfait est réellement le plus mauvais juge des idées nouvelles, parce qu'il est dans son essence, dans son instinct, dans son devoir, de les repousser toutes. Le principe essentiel du gouvernement, c'est la stabilité, c'est le présent, c'est le *statu quo*, c'est l'hostilité contre l'avenir.

Voilà pourquoi c'est le devoir de tous les citoyens, à quelque couleur politique qu'ils appartiennent, de défendre la liberté de la pensée et de la presse contre l'animosité de tous les régimes. Voilà pourquoi, messieurs, vous ne devez pas vous prêter aux passions de l'autorité que son intérêt présent dirige seul. Voilà pourquoi moi, qu'on traduit devant vous pour avoir usé franchement de mon droit de tout dire sans blesser les personnes, je comparais ici plein de confiance dans votre bon sens de citoyens et dans votre équité de juges. — Car, votre intérêt est que la société marche et se perfectionne, même quand cela déplairait et nuirait au gouvernement ; car, ce qui perfectionne la société ce sont les idées nouvelles, c'est la liberté de la presse.

Nul d'entre nous, messieurs, n'a le droit de se substituer à la société et de s'ériger en Mentor de la raison universelle ; nul ne peut étouffer une idée parce que cette idée n'est pas la sienne. Une pensée manifestée appartient à tout le monde, et vous ne pouvez sans crime en arrêter le développement. L'inquisition faillit ravir l'Amérique à la civilisation : savez-vous si parmi toutes les théories qui bouillonnent dans de jeunes têtes et qui se montrent hostiles au présent, il n'y a pas quelque large et sage amélioration sociale ou politique dont profitera l'avenir ? Quant à moi, tout ce que je sais bien, c'est que lorsque vous persécutez une idée, vous ne l'anéantissez pas : seulement vous reculez son triomphe en l'irritant, en l'insurgeant contre cette société dont vous lui refusez l'entrée.

Supposez un instant, messieurs, et c'est une simple hypothèse que j'indique, supposez que la république soit la forme de gouvernement à laquelle doit arriver la France dans un tems plus ou moins éloigné ; supposez que la démocratie, constamment progressive comme nous le montre l'histoire, depuis l'abolition de l'esclavage romain, à travers le servage féodal, et le despotisme de Richelieu et de Louis XIV, jusqu'à la création de nos franchises électorales, que la démocratie qui toujours marche et grandit en renversant les aristocraties décroissantes, approche enfin de son complet triomphe, et prépare aujourd'hui sa dernière victoire ; dites-moi, messieurs, à quoi serviraient ces petites persécutions que le pouvoir monarchique multiplie contre l'idée républicaine ? Dites-moi, surtout, pourquoi la nation se ferait l'instrument des antipathies de la royauté ? l'intérêt de la nation, le nôtre, messieurs, ne serait-il pas de permettre à l'idée républicaine de se développer par les moyens de raisonnement et de persuasion, par la parole et par la presse ? et si la nation la juge bonne, de la laisser préparer les esprits et former les mœurs à ce nouveau régime, afin que du moins, l'ordre politique se transformant, l'ordre social demeurât intact et respecté ? Notre intérêt, à nous citoyens, qui voulons le progrès paisible, ne serait-il pas de confier à la nation le soin de peser les avantages et les inconvéniens du régime qu'on lui propose et de suivre la décision de la majorité ? Pourquoi, messieurs, si, comme le prétend le pourvoir, les idées républicaines s'étendent avec tant de rapidité, pourquoi nous obstiner à les combattre inutilement, à les irriter sans fruit ? Pourquoi, en leur fermant le champ de la discussion, les forcer à tenter d'entrer par la violence dans la sphère des faits ? Pourquoi leur interdire l'usage de la parole et les pousser à recourir à des armes plus dangereuses ? — Le régime actuel n'a-t-il pas, comme le parti républicain, des moyens de discussion et de bien plus nombreux et plus puissans ? N'a-t-il pas une presse à lui, des journaux, des orateurs, de l'argent, une foule de serviteurs dévoués et d'avocats intéressés ? N'a-t-il pas un moyen plus décisif encore, en administrant le pays suivant l'intérêt du peuple ? en s'entourant, par ses bienfaits, de l'affection des masses ? — Qui voudra essayer de la république, si la monarchie nous rend heureux et libres ?

Laissons donc les deux principes lutter avec les armes de la raison, et ne forçons pas une école philosophique à se faire une faction politique. C'est en persécutant avec opiniâtreté un parti jeune, c'est en le poursuivant jusques dans ses rêves, qu'on oblige les gens de cœur qu'il renferme à se lever contre le pouvoir oppresseur; et parfois, messieurs, dans ce combat du désespoir, ce n'est pas l'autorité légale qui a le dessus; c'est une minorité ardente qui, toute pleine de colère et de vengeance, abuse à son tour de sa sanglante victoire : nous en avons eu un épouvantable exemple. — Messieurs, cette minorité peut-être serait devenue plus tard, par le lent travail de la raison, une minorité calme dans le triomphe et modérée à cause de sa force. — Nous avons vu de ce fait aussi un magnifique et glorieux exemple.

Ainsi, messieurs, encore une fois, votre devoir de citoyens est de vous opposer à l'instinct naturel du pouvoir qui répugne à la liberté de la presse. Puisque cette liberté n'est pas encore consacrée par les lois; puisque les régimes corrupteurs qui ont successivement pesé sur nous, se sont attachés à nous refuser cette tolérance de la pensée qui est dans les mœurs quoiqu'elle ne soit pas écrite dans les codes; puisque le gouvernement peut encore quand il lui plaît traîner devant la justice les écrivains qui gênent son allure, votre mission à vous est de résister à cette propension tyrannique et immorale; votre mission est, non de servir le pouvoir comme il le demande, mais de protéger les écrivains.

Je ne veux pas examiner ici les lieux communs entassés depuis deux ans contre la presse; je ne veux pas démontrer que cette irritation, véritablement mauvaise et déplorable au fond, a été trop justifiée par les brutalités inouies du pouvoir; par ce plan longuement prémédité d'étouffer la publicité que nous voyons se développer chaque jour dans les mesures du gouvernement, dans le langage de ses journaux, dans les paroles plus significatives encore de ses amis de la bourgeoisie, les furieux de modération; je ne veux point chercher s'il n'eût pas été meilleur, plus habile et plus utile pour le succès de la cause libérale, que la presse adoptât, depuis la révolution de juillet, des formes de discussion plus douces et plus conciliantes; je ne veux pas savoir si d'ailleurs cette aménité de la parole était possible en face d'un pouvoir qui dévoilait des intentions telles que celles que nous lui connaissons; qui déployait toutes les ressources de l'intrigue et toutes les brutalités de la force contre le journalisme; qui semblait prendre à tâche d'irriter tout ce qu'il y a en France d'esprits élevés et de cœurs généreux, et qui livrait aux insultes, aux outrages, aux avanies de sa police la presse qui l'a créé en juillet, la presse qui l'a sauvé en décembre, la presse qui l'aurait sauvé contre l'invasion, si la quasi-légitimité pouvait craindre l'invasion, et connaissait d'autres ennemis que les ennemis intérieurs; — tout cela sont des questions inutiles; les journalistes, croyez-le, messieurs, n'ont pas cherché à plaisir cette vie tourmentée, ces haines sans trève et sans pitié, ces fatigues sans repos, ces dégoûts chaque jour renaissans, et, disons-le, cette ingratitude du vieux libéralisme bourgeois qui les paie par l'abandon des supplices auxquels ils se dévouent.

Je ne m'étonne donc ni de la haine du pouvoir contre la presse, ni de l'indifférence passagère de cette partie de la bourgeoisie que les luttes libérales de la restauration ont lassée et qui maintenant s'ennuie de voir durer encore un combat qu'elle croyait terminé. — Mais ce qui serait monstrueux, ce qui serait un nouveau miracle dans ce siècle si fécond en désolans prodiges, ce serait de voir la démocratie française, la tête de la civilisation européenne, se coaliser avec le gouvernement, les aristocrates et les despotes étrangers pour étouffer la presse; ce serait de voir des hommes civilisés écraser, par ennui de la discussion, le seul principe civilisateur qui puisse soutenir aujourd'hui le choc du despotisme militaire; — ce serait de vous voir, vous, messieurs, me condamner, parce que j'ai dit à tort ou à raison des choses que vous pouvez admettre ou rejeter, mais que j'ai eu le droit de dire, précisément parce que vous aviez le droit de les examiner; — ce serait de vous voir, vous citoyens indépendans, prendre le parti d'un pouvoir dont l'intérêt est d'arrêter le progrès, et de vous unir à lui dans une guerre où les plus exagérés ne peuvent trouver d'un côté que la nation et son avenir, et de l'autre qu'une cour de banquiers et d'agioteurs et une dynastie dont cette camarilla se sert comme d'un bouclier pour couvrir ses intérêts et ses plans.

Je crois vous avoir convaincus, messieurs, que le gouvernement, en entravant la liberté de la presse, usurpe les droits de la société elle-même; qu'en arrêtant l'émission de la pensée, il prive la nation d'un bien qui n'est qu'à elle et qu'elle seule peut accepter ou refuser. J'espère vous avoir persuadé que le gouvernement, même quand il ne serait pas rétrograde comme le nôtre, même quand il serait porté au plus haut point de perfection possible, ne représente pas la société. Maintenant il me reste à examiner une thèse plus délicate et plus difficile, et je l'aborde sans crainte, bien sûr que je parle à des hommes ds sang-froid qui se donneront la peine de réfléchir avant de s'irriter. Il me reste à examiner si vous, messieurs, qui allez me juger, vous avez pour cela des pouvoirs suffisans et si vous devez vous regarder comme représentant mieux que le gouvernement la société tout entière.

Dieu me garde de soulever ici ces questions sans solution sur la légitimité du régime actuel et des lois politiques qu'il a créées ! Il m'importe peu que la nomination de Louis-Philippe ait été ratifiée par les assemblées primaires, que le peuple réuni en comice ait consacré les pouvoirs délégués par les dictateurs transitoires de l'Hôtel-de-Ville. Je ne m'occupe pas de savoir si les 130 députés réunis au Palais-Bourbon, élus en vertu de la charte de 1814, avaient mission de briser cette charte et d'en faire une autre. — Je me hâte de dire que tous ces doutes sont à mes yeux de frivoles sophismes, et que, dans ma profonde conviction, Louis-Philippe fut légitimement élu, sous la réserve, toujours supposée, des progrès de la raison universelle. Je me hâte de déclarer que le concours des assemblées primaires me semble d'autant plus inutile que leur vote n'eût pas été, selon moi, douteux un seul instant, si on les eût consultées sur le choix de l'homme et de la dynastie qui nous rendaient le drapeau tricolore et nous promettaient la réalisation des glorieux principes que représente ce drapeau.

Je dois le dire même avec la plus entière franchise : l'avénement de Louis-Philippe fut pour moi le sujet d'une grande joie, et nul d'entre vous, messieurs, quel que puisse être son dévoûment actuel à la royauté de juillet, nul n'accueillit sa naissance avec un bonheur plus vif et plus sincère. Ce régime, il est vrai, a trompé bien des espérances, et je lui attribuais une toute autre mission que celle qu'il a remplie ; mais je ne fais nulle difficulté d'avouer que je fus alors une des dupes dont on raille aujourd'hui si spirituellement la crédule bonne foi. — Ainsi donc, si les lois politiques qui m'amènent devant vous sont mauvaises et oppressives, je n'ai pas le droit de m'en plaindre ; ce serait un acte peu consciencieux que de récuser maintenant leur compétence, et je m'y soumets respectueusement sans détours et sans restriction.

Mais les doutes qu'il m'est interdit d'élever sur vos pouvoirs, l'omnipotence attachée à votre libre arbitre vous permet, je dis plus, vous ordonne, messieurs, de les peser scrupuleusement.

Voyez donc si vous êtes compétens quand il s'agit d'un délit de presse.

Personne plus que moi n'admire l'institution du jury; personne n'est plus disposé à reconnaître sa moralité et son utilité; personne n'a plus sincèrement applaudi à l'extension qu'on lui a donnée et ne désire plus ardemment qu'elle soit étendue encore davantage et qu'on fortifie de plus en plus dans nos codes ce principe du jugement des citoyens par leurs pairs.

En effet, quand on amène devant vous un homme accusé d'un crime ordinaire, il est impossible que vous ne sachiez pas apprécier avec la plus parfaite équité, soit l'intention du criminel, soit la gravité du préjudice porté aux personnes, soit enfin les effets de l'exemple que vous allez donner ou en absolvant ou en condamnant. — Votre rôle est simple et facile : vous écoutez les témoignages, vous interrogez l'accusé; l'accusation et la défense discutent devant vous les preuves, et il vous suffit, pour juger bien, de vous laisser aller à l'inspiration de votre conscience.

Lorsqu'il s'agit de réprimer le vol, le meurtre, la diffamation, l'intérêt et le sentiment de tous les citoyens sont les mêmes : il y a dans le jugement une impartialité forcée et une équité qui sait s'accommoder aux circonstances, aux temps et aux lieux; l'accusé est sûr que tous les motifs d'indulgence seront consultés par des hommes dont le métier n'est point de condamner et qui répugnent nécessairement aux châtimens rigoureux. — La société, de son côté, est bien assurée que les intérêts de la propriété, des personnes et des mœurs seront pris en considération par des juges qui sont avant tout propriétaires, citoyens et chefs de famille.

Mais en est-il de même dans les procès politiques ?

Messieurs, poser cette question, c'est la résoudre.

J'ignore parfaitement qu'elles sont vos opinions politiques : mais ce que je sais bien, et ce que vous ne pouvez pas nier, c'est que ceux d'entre vous qui partagent les miennes m'absoudront toujours pour les avoir exprimées ; — c'est que ceux qui professent des doctrines contraires seraient disposés à me condamner pour avoir proclamé des principes qu'ils regardent comme dangereux, s'ils ne croyaient pas avant tout au dogme éternel de la liberté illimitée de la parole et de l'examen ; si la civilisation de notre temps n'avait pas pénétré jusqu'à eux et ne leur avait pas appris que toute manifestation inoffensive de la pensée est au-dessus des atteintes de la force matérielle ; que ma conscience est libre aussi bien que la leur, et que j'ai pu admettre et publier des opinions qu'ils peuvent rejeter et réfuter, que j'ai pu blâmer ce qu'ils peuvent approuver, et louer ce qu'ils peuvent attaquer par la parole et par la presse. — Ainsi, messieurs, si vous vous regardiez comme compétens dans le jugement de faits qui sont au-dessus de toute compétence, je trouverais parmi vous des amis ou des ennemis : mais j'y chercherais vainement des juges. — Ainsi, ceux d'entre vous qui seraient mes adversaires politiques devraient regarder non pas seulement comme un droit, mais encore comme un devoir rigoureux de me condamner, de quelques formes que j'eusse pu entourer l'expression de doctrines que leur conscience leur montre subversives de l'ordre social. Ainsi, ceux qui seraient mes amis politiques se croiraient obligés d'absoudre un écrivain qui a plaidé les seules vérités qui puissent assurer le bonheur de la France, quelqu'énergie, quelque exagération qu'il eût pu déployer dans l'accomplissement de cette tâche glorieuse.

C'est donc au hasard qu'il faudrait m'en remettre pour le succès de ma cause ; c'est le hasard qui, faisant sortir de l'urne tel ou tel nom, hostile ou favorable, aurait décidé si je suis coupable ou non.

Eh bien ! messieurs, puisque nous avons admis que le pays seul peut juger ce qui ne s'adresse qu'à lui, répondez-moi, représentez-vous le pays ? Ce hasard qui peut appeler à me juger douze républicains prouvera-t-il que le pays est unanimement républicain ? Ce hasard qui peut confier mon sort à douze légitimistes, prouvera-t-il que la France croit à la légitimité ? — Ce hasard qui peut livrer ma personne et ma fortune à la haine de douze hommes du juste-milieu, prouvera-t-il que le régime actuel est universellement aimé ? qu'il est fort, qu'il est durable, qu'il s'appuie sur la majorité ; que toute attaque contre lui est une atteinte au vœu et aux intérêts du plus grand nombre ? — Consultez, messieurs, votre bon sens et votre équité, et répondez-moi : en sortant d'ici sous le poids d'une condamnation, sera-ce ma faute ou le hasard que je devrai maudire ? — Est-ce à moi ou à la fatalité qu'il faudra m'en prendre, et trouverai-je un repentir pour un crime qu'une chance heureuse pouvait transformer en acte de courage, de dévoûment et de vertu ?

Non, messieurs, vous ne représentez pas le pays, parce que rien ne le représente que lui-même, et si vous n'admettiez pas le principe de la liberté de la presse, à quelque opinion que vous apparteniez, vous me jugeriez avec vos passions ; tout en me jugeant consciencieusement ; car les passions politiques sont dans la conscience, et en satisfaisant à des haines de parti, vous croiriez ne rendre qu'un verdict équitable. — Et si cela pouvait vous paraître douteux, demandez-vous, messieurs, quel serait mon sort devant le jury de la Côte-d'Or, par exemple ? ou devant le jury de l'Isère ? ou devant le jury de Saône-et-Loire ?

Jusqu'ici, messieurs, j'ai supposé que le hasard a présidé au choix de mes juges ; jusqu'ici vous avez pu croire que j'avais au moins une chance dans cette loterie d'amendes et de prison. — Que diriez-vous si je vous démontrais que cette espérance est vaine, et que la passion de mes accusateurs est la seule providence en qui je puisse me confier ? Si je vous prouvais que mon adversaire, le gouvernement, vous a choisi, vous, messieurs, entre tous mes concitoyens, parce qu'il vous suppose imbu des mêmes passions que lui, parce qu'il vous croit dévoués sans restriction à son système, à ses haines, à ses volontés ?

Cette démonstration est trop facile à faire, messieurs, et deux mots suffiront pour cela, car vous ne pouvez manquer de connaître déjà comment et par qui sont rassemblés les élémens qui composent ce qu'on appelle le jury.

Premièrement, messieurs, vous n'êtes pas mes pairs : vous êtes citoyens privilégiés, moi je ne suis rien qu'un prolétaire ; vous avez des droits à exercer, je n'ai que des devoirs à remplir. Vous êtes appelés à concourir par l'élection à l'administration locale et au gouvernement du pays ; — moi, je n'interviens dans les affaires de ma patrie que pour payer ma part dans un budget à la répartition duquel je suis étranger. Vous avez l'honorable et pénible mission de rendre la justice du pays : vous me jugez, messieurs, et je ne puis m'asseoir sur les bancs du jury; quoi que vous puissiez faire contre ma personne ou mes intérêts, contre la personne et les intérêts de mes pairs, les prolétaires, je ne vous jugerai pas.

Serait-il donc étonnant que, repoussé d'une société où ma qualité d'homme intelligent et libre me donne le droit naturel d'entrer, je cherchasse à modifier les lois artificielles qui m'en excluent, et à détruire, par tous les moyens légitimes, les obstacles qui m'en interdisent l'accès? — Serait-il étonnant que, jeune et passionné pour le bonheur et la gloire de mon pays, je voulusse devenir citoyen, en changeant les formules de légalité qui me privent de ce titre et des droits qu'il donne? Serait-il étonnant aussi que vous, messieurs, qui vous trouvez placés par les lois dans la classe privilégiée, vous voulussiez défendre les avantages exclusifs qu'elles vous attribuent? — En un mot, ne serait-il pas probable que déjà, avant d'entrer dans cette enceinte, une hostilité positive existât entre vos intérêts et les miens, entre vos projets et les miens?

Oui, certes, et vous voyez que sous ce rapport vous n'êtes point mes pairs. Il faudrait, pour que l'expression fût vraie, que les membres du jury fussent pris indistinctement parmi l'universalité des citoyens propriétaires et prolétaires.

Mais parmi ces prolétaires, m'allez-vous répondre, trouvera-t-on en général les lumières nécessaires pour apprécier exactement la gravité d'un délit politique, pour peser les intentions cachées sous des mots, pour comprendre la portée d'une insinuation adroitement déguisée?

Trouvera-t-on même assez d'abnégation pour que les intérêts de la propriété, qui ne sont pas les leurs, ne soient pas brusquement blessés par le nombre qui est aussi un privilége, quand il tombe tout-à-coup dans la balance? — Franchement, messieurs, et je l'avoue parce que je le pense: je ne le crois pas. Je ne crois pas qu'il y ait assez de lumières et de réflexion calme dans l'esprit des masses, pour qu'on puisse leur livrer le jugement de faits tels que ceux sur lesquels vous avez à prononcer.

Est-ce donc, messieurs, qu'ennemi du jugement par jury, je préfère pour les délits politiques la juridiction d'une magistrature salariée?

A dieu ne plaise, messieurs, je vous ai dit sincèrement ma profonde confiance dans la conscience du jury en matière ordinaire ; mais, si je trouve son tribunal incompétent pour les délits de presse, que dirais-je d'un corps salarié, naturellement pénétré des passions du pouvoir qui le paie ? D'une magistrature, même inamovible, qui conserverait, au travers de toutes les modifications des mœurs et de l'opinion, les mêmes rancunes, les mêmes préjugés, la même hostilité contre les innovations ? — L'idée seule de confier à une semblable institution le jugement des délits politiques, est absurde et odieuse, tant il est évident que la passion seule et une seule passion dicterait ses arrêts.

Quelle est, messieurs, la conclusion de tout cela ? c'est encore une fois que les prétendus délits de presse ne peuvent être jugés par personne que par le public en masse sans réserve et sans exception, non pas par telle ou telle classe de citoyens ou par tel ou tel corps politique ou judiciaire, ou par telle ou telle population, mais par le pays lui-même adoptant ou repoussant les paroles de l'écrivain. — Toujours, messieurs, nous retrouvons au bout de tous les raisonnémens cette inévitable vérité ; c'est qu'elle est dans la nature des choses, c'est qu'elle devient, pour peu qu'on s'approche d'elle, un fait irrécusable, comme un théorême de géométrie.

Mais poursuivons.

Le gouvernement choisit donc les juges des délits de presse, c'est-à-dire les juges des coupables dont le crime est de vouloir pousser la société en avant, précisément et exclusivement dans la classe dont l'instinct et l'intérêt est le *statu quo*. Toutefois, ce n'est pas assez pour lui ; car dans cette classe même il trouverait, malgré l'antagonisme des positions, trop de bon sens encore et trop d'équité. — Dans cette classe même il prend à son gré ceux qu'il présume, à tort ou à raison, disposés à seconder ses projets et ses passions ; et ses choix, messieurs, ont une latitude effrayante pour la défense.

Ainsi, à Lyon, la liste générale du jury est d'environ 4,000 (3949), et la liste des jurés qui doivent faire le service des 4 sessions annuelles, est de 300 noms que le préfet choisit au commencement de l'année, dans des vues qu'il n'est pas nécessaire d'expliquer. — Sur cette liste de 300, l'accusateur, c'est-à-dire le pouvoir, a encore le droit de récusation pour un tiers, et s'il est resté par hasard sur les bancs du jury quelques hommes de l'opinion que professe l'accusé, le ministère public peut les en arracher par ce droit exorbitant. En résumé, voici donc 200 jurés triés avec le plus grand soin sur 4,000 par l'une des deux parties ; car le ministère public n'est rien devant vous que ma partie adverse. — L'accusateur choisit, dans l'intérêt de l'accusation, *un citoyen sur vingt*, et c'est devant un tribunal ainsi composé, préparé dans des vues aussi hostiles, que l'écrivain doit justifier tous les mots, toutes les expressions qu'il a pu laisser échapper dans le cours d'un travail précipité et d'une rédaction si rapide qu'elle permet rarement une seconde lecture ; c'est devant ce tribunal que je comparais aujourd'hui.

Eh bien ! messieurs, j'y comparais sans crainte, tant j'ai de confiance dans la civilisation de notre époque, tant je suis convaincu que la raison, que l'équité, que les grandes et saines vérités politiques, ont passé, pour ainsi dire, dans l'atmosphère que nous respirons et rendent désormais impossibles les violences politiques !

Certes, messieurs, vous l'avouerez, après toutes les précautions prises par le pouvoir pour la formation du jury, dans une ville où d'effroyables catastrophes ont posé si nettement la question des intérêts populaires en opposition aux intérêts de la bourgeoisie, je serais en droit d'éprouver quelques défiances et peut-être de les exprimer ici. Je ne le fais point pourtant ; car, quand même l'homme politique me condamnerait avec ses passions politiques, j'en appellerais à l'homme privé : je vous prierais, je vous sommerais de descendre dans votre conscience et de vous demander à vous-mêmes quel est mon crime, quelle peine j'ai pu encourir en soumettant au libre arbitre de mes concitoyens des idées erronées peut-être, mais sincères et inspirées par l'amour de ma patrie, et si je dois être soumis au châtiment qui attend le voleur et l'escroc, parce que j'ai eu le malheur de penser autrement que vous sur tel ou tel fait, sur tel ou tel principe abstrait.

Je vous prierais surtout, messieurs, de vous demander s'il n'est pas temps d'en finir avec les réactions politiques ; de mettre un terme à ces vengeances des partis, tantôt vaincus, tantôt vainqueurs, et toujours prêts le jour du triomphe à abuser de leur victoire éphémère. Je vous prierais de jeter un coup-d'œil en arrière sur ces quarante années de révolutions qui ont balloté le sort de la

France des caprices d'une faction aux fureurs des factions rivales ; de contempler ce spectacle bizarre et déplorable qui vous montre les victorieux d'aujourd'hui se servant de leur force pour étouffer jusqu'aux plaintes des vaincus ; puis ceux-ci remontant au pouvoir opprimer les vainqueurs d'hier jusques dans leur pensée, jusques dans leurs paroles, jusques dans les rêves de leurs espérances.

Ah ! messieurs, c'est une contemplation qui, tout jeune que j'étais, a bien souvent et bien tristement préoccupé mes études solitaires du passé. Bien souvent, en voyant la France traverser avec fatigue, avec de douloureux déchiremens, avec de sanglantes convulsions, tant de régimes divers qui tous avaient un principe perfectible et des chances de durée, je me suis demandé comment elle n'avait pu s'arrêter à aucun ; comment elle avait roulé de révolution en révolution sans donner à nul de ces principes le temps de se développer, de croître, de pousser dans le sol des racines qui le rendissent national ; et toujours l'histoire était là me montrant pour réponse l'emportement des partis vainqueurs poussant à bout les partis vaincus ; usant sans ménagement, sans raison, sans pitié, des avantages de la victoire, et provoquant la réaction violente des opprimés : l'ancien régime insultant *le tiers ;* la convention massacrant et pillant les aristocrates, l'empire étouffant la pensée sous le sabre, écrasant l'Allemagne idéologue sous son pied éperonné ;— la restauration enfin jetant un impertinent défi à l'esprit de liberté, à la presse, à la tribune.

Eh quoi ! messieurs, n'est-il pas temps de clorre cette longue série de combats et de défaites ? N'est-il pas temps que les citoyens s'unissent pour opposer aux passions du pouvoir, leur ferme, leur froide, leur unanime volonté ? N'est-il pas temps que tout les honnêtes gens se donnent la main pour imposer une barrière à ces violences des factions qui se poursuivent à travers le pays en le dévastant, en le souillant de sang ! pour obtenir qu'enfin le régime établi laisse respirer, laisse parler, raisonner et écrire le régime qu'il a vaincu et celui qui prétend le vaincre ! N'est-il pas temps que la majorité s'interpose dans ces luttes acharnées des minorités ? — N'est-il pas temps enfin que nous entrions dans cette voie de liberté, large et tolérante qui seule peut nous donner l'ordre et la paix ?

Messieurs, ce régime de véritable et paisible légalité,

c'est la presse qui le fondera; c'est la presse qui peut seule transformer les collisions des partis en guerres de raisonnemens, et faire passer dans les esprits, cet instinct de modération dont la France a tant besoin, et que les gouvernemens de police et de bayonnettes ne font que pervertir. Comment voulez-vous qu'un parti qui renferme des hommes de courage et de conscience, se résigne à voir étouffer violemment, jusqu'à ses plaintes, jusqu'à ses vœux, jusqu'à ses pensées les plus intimes et les plus chères? Comment voulez-vous que, révolté de cette persécution de l'intelligence, il ne conspire pas dans l'ombre ou ne joue pas à découvert sa vie contre ce pouvoir oppressif, par une insurrection armée? La vraie cause des conspirations et des émeutes, c'est l'oppression de la parole et de la presse, et en ce temps-ci, tout homme qui a quelque honnêteté et quelque talent ne songera jamais à dominer par la force quand vous lui permettrez de s'élever par sa capacité et de faire régner par la persuasion ses doctrines et ses volontés. — Et quel mal peut donc arriver de ce déploiement facile des intelligences? — Si le *Précurseur* n'existait pas à Lyon, si les plans formés pour sa destruction étaient accomplis, qu'en résulterait-il? Sans doute, les gens que la contrariété fait tomber en convulsions n'auraient plus le chagrin de lire tous les matins des discussions qui les irritent; mais croyez-vous que la sécurité de la ville en fût beaucoup plus assurée? Croyez-vous que les classes laborieuses, privées d'une feuille qui sait plaider pour leurs droits et leur rappeler leurs devoirs, se résignassent plus facilement aux misères de leur douloureuse existence? Croyez-vous que notre maladie industrielle se trouvât guérie par enchantement et qu'un calme éternel régnât dans notre cité?

On parle beaucoup de chartes, de constitution, de garanties représentatives? Messieurs, au temps où nous vivons on pourrait faire une excellente charte en deux mots: *liberté illimitée de la presse*. Avec ce principe et les conséquences qu'il entraîne, l'ordre politique me paraît fondé immuablement dans un pays où l'intelligence libre régnerait en souveraine, où l'opinion a tant de force et la population un si vif instinct du juste et du vrai,

Je me fais gloire d'appartenir à un parti qui place ce dogme au faîte et à la base de ses plans politiques, et c'est pour moi, qui crois à l'avenir, une grande consolation au milieu des amertumes du présent, que de voir approcher l'instant de son triomphe. C'est pour moi un bonheur que l'espérance de voir régner un jour sur mon pays ce principe immortel jusqu'ici foulé aux pieds par les minorités qui l'ont exploité sous prétexte de le gouverner. — Alors, messieurs, ceux-mêmes qui maintenant nous calomnient sauront ce qu'il y a de tolérance dans des théories qu'ils n'ont pas su comprendre; alors on verra ce que peut un principe moral appliqué à l'administration d'un pays dans toute son étendue sans hypocrisie et sans violence, et l'on comprendra que s'il est difficile de mal gouverner comme fait le juste-milieu en l'absence de toute règle d'honnêteté, rien n'est si facile que de gouverner bien avec un amour sincère du peuple et le respect pour la sainteté de la pensée humaine.

Mais ne se passe-t-il pas sous nos yeux un fait qui devrait vous frapper? Ne voyez-vous pas aujourd'hui le parti qui violenta si brutalement la pensée quand il était au pouvoir, réclamer à grands cris son inviolabilité aujourd'hui qu'il est vaincu?

Souvenez-vous, messieurs, des haines de la restauration pour la presse; rappelez-vous les rigueurs exercées contre les écrivains; rappelez-vous les dédains des valets de la légitimité pour tout ce qui possédait un esprit généreux et une plume indépendante. Alors, comme aujourd'hui, la presse était traitée en vile ennemie; alors on n'avait pas assez de mépris et de châtimens pour tous ceux qui se permettaient d'élever la voix en faveur d'une vérité morale ou politique; rappelez-vous les articles insultans de l'*Universel* et du *Moniteur*, dont on nous donne chaque jour de si singulières contrefaçons; rappelez-vous Fontan et Magalon enchaînés aux galériens de Poissy; rappelez-vous Cauchois-Lemaire, l'ami du duc d'Orléans, consumant sa vie dans les cachots pour avoir appelé de ses vœux une nouvelle dynastie, dont sa noble probité est forcée de combattre aujourd'hui le gouvernement.

Alors, comme maintenant, on insultait la presse et on la chargeait de la responsabilité de tous les maux; alors c'était un axiôme reçu dans ces mêmes palais où il règne de nouveau, qu'il est impossible de gouverner avec la liberté de discussion. Enfin, on voulut *en finir* avec cette adversaire infatigable : on lui jeta le gant; le gant fut relevé, et en trois jours la presse, la presse seule renversa la monarchie et vengea l'indépendance de la pensée.

Eh bien ! messieurs, écoutez à présent ce parti ; écoutez quels cris lamentables il pousse quand le gouvernement actuel lui rend les mauvais traitemens qu'il nous fit, lui, endurer quinze ans ! Ecoutez avec quelle éloquence il réclame la liberté de tout dire, la liberté d'exprimer ses doctrines, ses désirs, ses regrets, ses espérances ; avec quelle verve il soutient la nécessité de la franchise de la presse ! Ecoutez, messieurs, car la leçon est bonne, et je voudrais qu'elle ne fût pas perdue.

Certes, les légitimistes ont raison de se plaindre ; ils ont raison de reprocher à ce gouvernement de manquer aux conditions de son origine, et c'est pitié de voir ainsi écraser sans ménagemens un ennemi à terre. — Mais ne pensez-vous pas que ces magnifiques théories de liberté leur viennent un peu tard ; ne pensez-vous pas qu'ils auraient dû, pour mériter notre sympathie, songer à les appliquer quand ils avaient le pouvoir de les mettre en pratique ?

Le droit de la défense me permet d'exprimer ici sans être séditieux ce que je ne pourrais dire ailleurs. Je vous prie donc, messieurs, de vous demander si la quasi-légitimité peut être éternelle quand tant de gouvernemens meilleurs et plus solides sont tombés avant elle et jonchent de leurs ruines les pages de l'histoire. Et si votre bon sens vous répond que ce régime doit s'écrouler un jour, pensez-vous que ses partisans, foulés et blessés par le régime qui lui succédera, auraient le droit de se plaindre si leurs réclamations étaient étouffées, si leurs idées étaient comprimées, s'il leur était interdit d'exposer leurs doctrines et d'en appeler à un meilleur avenir ? — S'il était possible qu'un régime spoliateur s'emparât plus tard des destinées de la France, quelle profonde indignation n'éprouveriez-vous pas contre le système qui vous défendrait même de vous récrier contre le pillage légal, même d'invoquer la morale, le bon sens et l'équité en faveur de vos intérêts froissés ?

Que diriez-vous pourtant aux républicains qui vous opposeraient les *cinq cents* procès de presse intentés en deux ans par la quasi-légitimité, les réquisitoires des parquets de Louis-Philippe, la circulaire Barthe, les arrestations préventives et tous ces excès odieux auxquels un pouvoir né de la presse s'est livré contre sa mère ? — En conscience, qu'auriez-vous à dire ?

C'est pour mettre un terme à ces violences impies que nous vous demandons de protéger la presse contre les passions du pouvoir, et, vous devez le croire, c'est pour l'ordre autant que pour la liberté que nous plaidons ici. Car l'anarchie, les échafauds, le pillage, tous ces fantômes de terreur, dont on effraie maintenant la bourgeoisie, seront des spectres impuissans tant qu'on laissera la pensée libre de flétrir tous les désordres, tant qu'on ne pervertira pas l'esprit public, aujourd'hui si plein de lumières et de moralité; tant qu'on n'attentera pas au génie de civilisation qui plane sur notre époque et sur notre pays.

Mais je l'avoue, tous ces fantômes deviendraient d'horribles réalités si le pouvoir actuel, suivant son déplorable esprit, parvenait par la complicité des citoyens, à anéantir la presse. Tout alors me paraîtrait possible; car que faire contre une minorité usurpatrice qui renverserait le régime actuel et se jouerait de la vie et de la fortune de nous tous, si les honnêtes gens, réduits au silence, ne pouvaient ni s'entendre, ni se concerter pour lui opposer une résistance énergique?

Messieurs, tant que la presse existera, les échafauds ne seront qu'une ridicule parodie qui n'obtiendrait que des sifflets et des huées : que la presse succombe, tout est possible, tout est probable.

La presse est le dernier résumé de la civilisation d'une société; elle renferme tout, intérêt du présent, droits déclinans du passé, espérances de l'avenir, tout est en elle, tout vient d'elle, et quand les citoyens la laissent attaquer ils oublient que de près ou de loin ce sont leurs droits, leurs intérêts qu'on attaque, et qu'ils auront lieu plus tard de se repentir de cette aveugle lâcheté.

N'est-il pas triste, messieurs, d'avoir encore à plaider pour de tels principes après la révolution de 1830?

Qui de nous s'attendait à voir encore contester aujourd'hui cette légitimité de la pensée qui fut l'objet de toutes les luttes libérales de la France sous la restauration, et que le peuple consacra de son sang sur les barricades de juillet? — Qui de nous s'attendait à voir remettre en question en 1832, sous le régime de la souveraineté populaire, et dans une monarchie républicaine, une liberté que réclamaient déjà en 1788, les parlemems aristocratiques d'une royauté absolue? En est-il un parmi vous, messieurs, qui n'ait pas cru que ces jours si brillans et si purs, ouvraient pour la France une ère nouvelle de tolérance et de paix ?

Quant à moi, je l'avoue, tout ce qui se passe aujourd'hui me semble un songe, et j'ai peine à me persuader que je suis ici pour me justifier d'avoir écrit ma pensée simplement et librement ; et que pour ce crime je doive me défendre contre l'amende et la prison. — J'avoue que j'avais compté sur un autre avenir quand je vis commencer une révolution où le peuple, ce peuple qu'on insulte et qu'on calomnie, se montra si grand, si clément, si plein de probité sublime ! J'avais compté qu'il aurait fait passer dans les veines du pouvoir qu'il créa, un peu de ce sang généreux, où coulaient les plus nobles et les plus saintes passions. — Oui, lorsque je vis se lever ce soleil éclatant qui saluait notre régénération nationale ; quand je sentis dans mon cœur cette ardeur du combat, ces palpitations du dévoûment qui faisaient alors frisonner tout un peuple, quand je m'énivrais de l'ineffable joie de la victoire, ce n'était point le triomphe brutal de la force sur la force qui me donnait ce bonheur intime, c'était la perspective de liberté large et paisible que je découvrais dans l'avenir de mon pays ; c'était l'espoir de voir s'établir parmi nous cette civilisation politique, féconde et glorieuse, dont jouissent déjà des peuples moins avancés sous d'autres rapports ; c'était la conviction que des lois sages et douces allaient remplacer ce code de police et de brutalité militaire créé par les régimes passés ; et que sous leur protection s'allait former cet esprit public, cet instinct de l'ordre, cet amour respectueux à la loi qui donne à chacun la conscience de ses devoirs et de ses droits ; c'était l'espoir de voir le peuple se moraliser de plus en plus sous cette nouvelle direction politique ; de voir un gouvernement qui ne serait plus distrait par tous ces soins minutieux d'une politique inquiète et vexatoire entrer enfin dans la voie des améliorations matérielles si négligées jusqu'ici ; pousser la France sur la route de la prospérité paisible et du perfectionnement pacifique ; et tout plein de la grandeur de sa mission, employer tant de ressources inutiles, tant de capacités oisives, tant de dévoûmens étouffés à doter ma patrie de cette haute civilisation dont tous les élémens sont épars sur son sol ; à la faire enfin marcher glorieusement à la tête des nations par son industrie et son bonheur intérieur, comme elle y marchait autrefois par la valeur guerrière et le génie des conquêtes.

Messieurs, que sont devenues ces magnifiques espérances, qu'avons-nous recueilli de tous ces germes d'avenir que le peuple avait arrosé de son sang? — Je n'ose parcourir cette échelle de fautes, de misères, d'humiliations où la France s'est traînée depuis ces jours de gloire et de bonheur! — Messieurs, laissons ce sujet, car je ne pourrais le considérer de sang-froid.

Et maintenant nous voici de nouveau combattant pour ces vieilles libertés que nous avions conquises; nous voici encore dans la mêlée des théories politiques au lieu de seconder ce mouvement civilisateur, dont la presse devait aussi prendre sa part. Nous voici soutenant une lutte acharnée contre les funestes passions du pouvoir fondé en juillet avec tant d'enthousiasme, et attendant de vous une justice protectrice contre ses déplorables fureurs.

Je vous ai démontré ce que vous aviez à craindre, vous citoyens, représentant légalement le pays et toutes les opinions qu'il renferme, d'un système assez corrupteur pour amener les citoyens à se coaliser avec lui pour détruire la meilleure, la plus indispensable de nos libertés; celle sans laquelle toutes les autres ne sont rien qu'un don du bon plaisir des rois.

Maintenant, demandez-vous ce que vous pourriez espérer d'une condamnation.

Messieurs, je comprends et j'honore toutes les opinions sincères; il n'en est pas une que je ne respecte tout en la combattant, et, certes il faudrait n'avoir pas jeté les yeux sur l'histoire des quarante années qui viennent de s'écouler, il faudrait avoir l'esprit bien étroit et le cœur bien sec pour se renfermer aujourd'hui dans son orgueilleuse conviction, et anathématiser toutes les autres. Sans m'enquérir donc si vous partagez ou non la mienne, si votre âge, votre position, votre éducation, les incidens heureux ou tristes de votre vie, ont dû vous amener à juger comme je les juge les événemens présens et les chances de l'avenir, je dois croire que vous tolérez mes opinions comme je respecte les vôtres.

Or, messieurs, quand vous m'auriez mis en prison, quels résultats attendriez-vous de cette rigueur? — Sans doute, vous n'espéreriez pas que j'abandonnasse les croyances de toute ma vie; que je désertasse lâchement le parti auquel me lient mes sympathies et mes espérances;

vous savez bien que la force est impuissante à diriger l'intelligence ; que la conscience se raidit sous la persécution. Vous savez bien qu'il n'est pas un martyr qui ait renié sa foi dans les tourmens du supplice. — Lorsque, perverti par de vicieuses habitudes, un homme s'est porté à quelque forfait social, on l'amène devant vous, et quand vous l'envoyez en prison, vous avez l'espoir de le voir s'améliorer dans la solitude ; vous le forcez à ouvrir son ame au remords, et en l'isolant de tout ce qui l'a porté au mal, vous faites encore un acte de sagesse et de clémence. — Mais pouvez-vous penser que le condamné politique se repentira d'avoir cru que deux et deux font quatre, si vous l'emprisonnez pour avoir énoncé une vérité qu'il regarde comme tout aussi évidente? — Si, par hasard, il se trompait, s'il croyait faussement, pour suivre la même supposition, que deux et deux font cinq, pensez-vous que les murs de son cachot lui démontreraient son erreur?

Maintenant, messieurs, dira-t-on que vous devez donner un exemple, et que c'est une leçon offerte à quiconque serait tenté de m'imiter? — Je parle à des hommes de sang-froid, sur qui des déclamations vagues ne peuvent rien; je parle à des citoyens indépendans qui ne sont pas forcés de partager les passions du pouvoir. — Eh bien! je vous prie de regarder autour de vous, messieurs, et de chercher les heureux effets de l'exemple qu'on vous propose de donner. Je vous prie de considérer l'innombrable quantité de procès intentés depuis deux ans à la presse, et de me dire ensuite à quoi servent les condamnations? Voyez si jamais les journaux furent poursuivis avec plus d'acharnement; si jamais on put compter dans les cachots tant d'écrivains! Les cachots, messieurs, en sont pleins, ils en regorgent; à peine s'il reste en liberté trois gérans des nombreuses feuilles de Paris, à peine si de tous ces hommes généreux qui préparèrent par la plume, et achevèrent avec le mousquet la révolution de 1830, il en est quelques-uns encore qui jouissent du premier des biens de ce monde, et l'on dirait, pardonnez-moi l'amertume de cette pensée, on dirait que les parquets de Louis-Philippe se sont chargés d'exécuter les mandats lancés par Polignac, contre les signataires de l'acte immortel qui fut le signal de l'insurrection.

Eh bien! messieurs, une justice si sévère a-t-elle intimidé les écrivains? a-t-elle amorti l'énergie de leur plume?

a-t-elle changé leurs convictions et adouci le fiel amer de leur parole ? — Non, messieurs, non, il faut le reconnaître en gémissant : à mesure que s'enflammait la violence de la persécution, croissait la violence de la presse ; avec la colère insensée du pouvoir, s'allume la colère de la pensée ; à mesure qu'un écrivain tombe en captivité sous le coup des réquisitoires, un autre se lève, monte sur la brèche et combat à son tour, jusqu'à ce qu'il soit renversé comme celui qui l'a précédé, en léguant sa tâche à celui qui lui succédera. En peut-il être autrement ? — Dites-moi, toute cette jeunesse qui vit naître le régime nouveau, qui coopéra si ardemment à son douloureux et sanglant enfantement ; cette jeunesse intelligente et généreuse qui tint un jour entre ses mains le sort de la France et de l'Europe, qui porta, tout un jour, au bout de son fusil la monarchie ou la république ; cette jeunesse qui se jetait en avant quand tout ce qui aujourd'hui se donne de l'importance se tenait prudemment à l'écart : peut-elle souffrir qu'une coterie qui, sans elle, pétitionnerait encore à l'heure qu'il est contre le pouvoir absolu de Charles X, s'empare de la France comme d'une proie, prétende arrêter l'élan de ses destinées, confisque à son gré toute idée nouvelle, et façonne, selon son caprice, tout ce qui pense et tout ce qui sent ? Peut-elle se courber sous cette discipline doctrinaire, et faire, par peur de quelques bavards malhabiles, l'abandon de ses convictions et de ses vœux ? cela est-il raisonnable ? cela est-il possible ?

Ainsi, jamais le pouvoir ne fut plus rigoureux envers la presse, et jamais la presse ne fut plus violemment hostile au pouvoir ; jamais, et tous les bons citoyens le déplorent, il ne régna dans la polémique écrite une irritation plus vive et plus affligeante. C'est une vérité triste, mais une vérité incontestable, et si évidente que tout homme raisonnable ne concevra pas qu'elle n'ait point frappé les gouvernans.

Messieurs, il est temps d'arrêter le pouvoir sur cette route périlleuse ; il est bien temps que vous lui donniez une leçon solennelle, et que vous l'avertissiez que le pays ne le suivra pas dans un système d'absolutisme et d'obscurantisme. Vous savez quels plans ont été formés pour la destruction violente de l'organe indépendant de l'opinion lyonnaise. C'est à vous de voir s'il vous convient de vous unir à ces plans et de vous en faire les exécuteurs.

Pour ce qui me touche ; messieurs, j'espère que vous vous serez convaincus que je ne cherche ni ne redoute les honneurs d'une persécution. — Absous par vous, je serai heureux et fier de voir que le sentiment de la liberté sage a pénétré assez profondément dans le pays pour rendre inutiles les intrigues de l'aristocratie qui nous gouverne. — Condamné, je me réfugierai dans la sincérité de ma conscience, dans la pureté de mes intentions, et j'accepterai sans répugnance des peines méritées pour une cause qui a été la seule passion de toute ma vie, que je ne pourrais renier sans une apostasie infâme, et que, quoiqu'il arrive, je défendrai sans relâche et sans crainte jusqu'à mon dernier soupir.

Messieurs, il est bien inutile que j'entreprenne de justifier dans les détails les articles où le ministère public a vu tant de délits. Tout ce qui peut être fait par la parole, pour gagner votre conviction, mes avocats le feront. Mais il est une observation que je dois vous présenter moi-même, et si elle est délicate et pénible pour moi, je suis sûr que vous l'accepterez, puisqu'elle entre dans le droit sacré de la défense.

Vous connaissez la ligue formée à Lyon pour la destruction du *Précurseur* ; vous savez qu'il y a ici beaucoup d'honnêtes furieux qui croient fermement que notre ville ne sera tranquille et prospère que quand l'*infâme journal* (c'est l'expression consacrée) aura cessé d'exister. Vous connaissez toutes les prédictions qui ont été faites sur sa chute prochaine, et je pourrais vous lire une foule d'articles du *Précurseur*, où les faits qui se réalisent aujourd'hui ont été formellement prévus par moi. Permettez-moi de vous en rappeler un entr'autres (numéro du 30 mai) :

Nous apprenons à l'instant, par des personnes dont le témoignage mérite la plus entière confiance, que M. le duc d'Orléans a été, dès ce soir, accablé de mille dénonciations officieuses, dans lesquelles nous avons eu l'honneur d'obtenir une très-large part.

Le juste-milieu qui s'est emparé du jeune prince comme d'une proie, l'a assourdi d'un concert de réclamations virulentes sur l'impunité vraiment scandaleuse dont jouit le *Précurseur*, sur l'abominable esprit de tolérance dont l'autorité a fait preuve envers cette odieuse feuille qui corrompt, a-t-on dit, l'opinion publique, pervertit les ouvriers, et, parmi la bourgeoisie même, a eu l'infamie de convaincre bon nombre de gens de l'absurdité du système du 13 mars.

La dénonciation, comme on le pense bien, ne pouvait s'arrêter là; car, si nous sommes d'aussi profonds scélérats, c'est un crime aux magistrats que d'avoir souffert si long-temps nos abominables forfaits. — Si, comme nous n'en pouvons douter, les rapports qu'on nous fait sont exacts, nous devons nous glorifier de ces intrigues; car notre nom a été associé, dans les fureurs du juste-milieu, à des noms auxquels Lyon tout entier rend un hommage de vénération. Lyon n'a pas deux magistrats semblables à celui qu'on a présenté comme le complice de nos attentats : chacun le reconnaîtra sans que nous le nommions. Sa haute probité le désignait déjà à la haine de la coterie banquière.

Nous croyons au jeune prince trop de bon sens et une connaissance trop positive des formes du gouvernement représentatif, pour que nous puissions prendre au sérieux ces misérables commérages. La politesse seule sans doute, a pu le forcer à écouter ces sottes cachotteries dont il a certainement découvert le véritable caractère. M. le duc d'Orléans ne nous a donné jusqu'ici aucune raison de penser qu'il partageât les passions des hommes qui compromettent si gravement son avenir; et certes, il connaît trop l'état des esprits à Lyon, pour ne pas voir que ce serait bien mal choisir l'occasion de manifester ces passions, si, contre toute probabilité, il en était imbu. A l'âge de M. le duc d'Orléans, on a les passions courageuses de la jeunesse, et l'on comprend mal la couardise, surtout on sympathise peu avec le système des lâches dénonciations. Encore une fois, donc, nous n'attacherions aucune importance à tous les bavardages qui lui ont été faits, quand même la constitution lui accorderait un droit quelconque d'intervention dans l'administration du pays, ce qui n'est point.

Mais nous ne croyons pas cependant hors de propos de répéter ce que nous avons dit il y a peu de temps. Les persécutions légales produiraient sur nous un tout autre effet que celui qu'on s'en promet. Nous sommes bien résolus à soutenir notre droit par tous les moyens, et nous verrons qui cédera, de l'écrivain appuyé sur la loi, sur le bon sens, sur la vérité, ou d'une coterie qui veut fonder le succès d'une entreprise rivale, par toutes les voies honnêtes ou non.

On aurait dit au prince, nous assure-t-on, que la tolérance qu'on emploie vis-à-vis du *Précurseur* est « d'autant plus criminelle que *deux bons procès* auraient suffi pour anéantir cette feuille. » — Cette assertion n'est pas vraie, le juste-milieu le sait bien. Le juste-milieu sait que le *Précurseur* compte *aujourd'hui* assez d'amis *dévoués* pour braver toutes les iniquités légales dont on pourrait l'accabler. Si ceux qu'il possède maintenant ne suffisaient pas à porter cette charge, il en trouverait d'autres encore, et ce n'est pas au jour où cet organe lui serait le plus nécessaire que le parti libéral laisserait tomber un journal auquel il a fait déjà tant de sacrifices.

Ainsi, qu'on essaie, si l'on veut, de la persécution : pour notre compte, nous ne craignons pas d'entrer dans cette voie. Quant aux peines personnelles qui peuvent en advenir aux rédacteurs du *Précurseur*, ils se croient trop peu importans pour en parler ; seulement ils espèrent qu'ils y retrouveraient un peu de cette énergie qui se nourrit d'une lutte sérieuse et qui se détrempe dans de fades discussions contre l'absurde-milieu.

Ans. P.

Le 3 juin, le n° du *Precurseur* du 30 mai, qui jusques-là, c'est-à-dire depuis quatre jours, n'avait pas paru coupable au ministère public, fut saisi sur la plainte du procureur du roi.

Je pourrais, messieurs, vous citer beaucoup d'autres prédictions aussi formelles qui vous couvaincraient qu'une coterie s'est organisée de longue main pour l'anéantissement du *Précuseur*, et que je connais parfaitement et depuis longtemps ses plans. — Ainsi, tout ce qui se fait aujourd'hui ne me surprend aucunement.

Maintenant voyez ma position en face d'une intrigue si bien ourdie : comprenez mes défiances.

Il est clair, messieurs, que si, par malheur, vous étiez persuadés que c'est une chose utile de détruire le *Précurseur*, de le ruiner comme entreprise commerciale et comme institution politique, quand bien même les lois et la morale réprouveraient cette spoliation détournée ; il est clair que si vous partagiez à cet égard les vues de beaucoup de gens que nous connaissons tous, les froides, mais sincères réflexions que je viens de vous présenter, et la haute éloquence de mes défenseurs seraient bien inutiles. Si vous venez avec l'intention de juger les articles incriminés, purement, simplement comme des délits de presse prévus par les lois, je suis sûr que vous allez m'absoudre ; car je n'ai en rien dépassé les limites posées par la loi autour de la discussion politique. Si vous veniez au contraire pour décider que le *Précurseur* doit être sacrifié aux passions qui l'entourent, alors, messieurs, mon silence vaudrait mieux pour vous et pour moi qu'une justification.

J'aurais voulu pouvoir entrer ici dans de plus grands détails pour ma justification personnelle ; j'aurais voulu user du droit que me donne ma position d'accusé, pour expliquer ces haines violentes qui se sont attachées à moi et qui me poursuivent avec une si singulière persistance, pour renverser cette foule de calomnies abominables que ceux qui se sont faits mes ennemis sans me connaître et sans que je les connaisse, aidés par la police dont ils disposent, et par tous les agens dont la crédulité ou la mauvaise foi est à leur service, ont répandues contre moi, calomnies ridicules aux yeux des hommes de bon sens, mais que la foule peut adopter; car on ne se justifie pas sur de pareilles matières.

Ainsi, j'aurais parlé de cette histoire de la vente du *Précurseur* aux carlistes, dont vous ne pouvez manquer d'avoir entendu quelques mots, histoire arrangée avec tant d'art et d'adresse et compliquée de tant de circonstances ingénieuses. J'aurais parlé de toutes ces imputations odieuses par lesquelles on cherche à noircir un jeune homme qui a peu fait pour son pays sans doute, mais dans la vie duquel on ne trouvera pas une action, une page ou une parole dont il puisse rougir ou qu'il soit forcé de désavouer. J'aurais fait voir d'où provient cette malveillance systématique contre un homme qui attache un si haut prix à la bienveillance de ses concitoyens, qui n'a d'autre tort que de défendre, avec l'énergie de la probité, ses convictions et son parti. J'aurais déploré cette animosité aveugle qui s'envenime au milieu des luttes des partis, et qui fait calomnier des caractères qu'on ne s'est pas donné la peine d'étudier : j'aurais parlé de toutes ces stupidités accréditées par des hommes qui doivent bien savoir, messieurs, si ma conscience est à vendre.

Mais je vous l'avoue, tout cela me cause un profond dégoût, et je répugne à vous traîner dans cette boue. Quand ces infamies tombent pour la première fois sur un homme qui sait n'avoir pas perdu le droit à l'estime publique; tout éperdu de se voir en butte à ses attaques souterraines, il s'en afflige et s'en irrite. — Mais bientôt il en vient à couvrir d'un immense mépris toutes ces vilaines machinations.

Au fond de toutes ces haines et de toutes ces calomnies, qu'y a-t-il en réalité? — De ma part, messieurs, il y a premièrement un vif amour du peuple qui me fait crier en sa faveur, quand je le vois souffrir : et ceci déplaît à ceux qui veulent exploiter le peuple à leur aise;

Secondement, une énergie de sincérité qui ne me permet pas les ménagemens des insinuations, et qui me pousse à dire la vérité clairement et nettement, quand même elle serait blessante.

En troisième lieu, il y a chez moi une rudesse d'expressions, une brutalité de style qui est la faute de mon talent, mais non de ma volonté. — Sorti d'une famille pauvre, je n'ai pu, messieurs, me donner cette délicatesse de langage, cette élégance de style que des gens plus heureux consacrent leur jeunesse à acquérir sur les bancs des colléges. Livré à des études solitaires et tardives, ce n'est que par l'énergie d'un travail impitoyable, que j'ai pu donner à mon esprit un peu de culture littéraire; mais il est toujours resté quelque chose de la rusticité primitive, et je ne puis façonner ma plume à ces finesses exquises d'une éducation opulente. — Toutefois, messieurs, permettez-moi de vous faire remarquer que tout cela sont des torts de rhétorique, et vraiment vous ne pouvez vouloir m'envoyer faire en prison un cours de littérature. Tout au plus me renverriez-vous à l'école, et c'est une condamnation à laquelle je me soumets d'avance très-humblement.

En résumé, à quoi se réduisent les procès qu'on m'intente? —J'ai dit d'une part qu'il y a mal-entendu entre le peuple et le gouvernement sur le mot d'ordre légal qu'on jette partout sans le comprendre, et, pour preuve, j'ai montré les innombrables émeutes qui éclatent sur tous les points de la France. J'ai conclu, en invitant le gouvernement à réfléchir sur cette question, à éclaircir ce mal-entendu; car je pensais qu'il pouvait avoir des suites funestes pour le pays. — Quel crime voyez-vous là?

Les trois procès relatifs aux événemens de juin ne sont en réalité qu'une seule cause.

Une conspiration carlo-républicaine nous est annoncée trois jours à l'avance par les journaux ministériels. Deux partis qui depuis 89 se livrent une guerre acharnée, la légitimité et la souveraineté populaire, se sont donnés la main sur la tombe d'un brave qui vingt fois joua sa vie dans les luttes contre le droit divin; et (admirez, messieurs, cette spirituelle invention) c'est un *pot-de-vin* de cent cinquante mille francs qui a étouffé subitement ces vieilles haines et concilié d'inconciliables principes. On nous rapporte dans les plus grands détails le plan d'insurrection arrêté par cette coalision nouvelle: on s'étonne de la prodigieuse audace des conspirateurs; mais en même temps on se réjouit de trouver l'occasion *d'en finir* avec eux. On laisse percer une ineffable satisfaction de pouvoir *écraser* d'un seul coup les factions alliées ; il y a du triomphe déjà dans l'accent des vainqueurs, long-temps avant le combat.

Quelle devait être, messieurs, ici, à cent lieues de Paris, l'opinion d'un homme de bon sens sur l'origine de toutes ces prédictions ? Que devait penser un homme qui n'est pas sans quelques relations avec le monde politique de Paris, et qui savait que le parti libéral avait tout à perdre à des démonstrations violentes ? tout à gagner à la manifestation solennelle et paisible dont le convoi de Lamarque devenait l'occasion ? qui savait que cette éclatante et grave protestation du peuple contre le système du gouvernement, était de nature à renverser immédiatement un cabinet qui ne gouverne que par la police et les baïonnettes ? — Je vous le demande, messieurs, que devais-je penser de tout cela ? — Il y avait une machination préméditée, cela était sûr : qui devais-je en soupçonner, de ceux à qui elle devait nuire, ou de ceux qu'elle pouvait sauver ?

Enfin, les prédictions se réalisent : la conspiration éclate ; 5 ou 600 jeunes gens et ouvriers résistent à une agression qui n'est plus contestée, et engagent un combat qu'on a l'adresse de faire durer deux jours quoiqu'on pût le terminer en deux heures : soixante mille hommes contre six cents !! — Et quand la lutte est terminée, quand tout est rentré dans l'ordre, quand les cachots regorgent de prisonniers, on met Paris en état de siége, on détruit par un coup de plume pour la capitale de la France, les lois et la protection qu'elles accordent à la vie et à la fortune des citoyens ; les tribunaux ordinaires, le tribunal du pays, le jury, sont abolis ; des conseils de guerre les remplacent, et Paris est soumis au droit du sabre dans toute sa brutalité !

Ainsi, messieurs, la charte était déchirée à la face de la France ; ainsi, le pouvoir se rendait coupable d'un des actes qui ont motivé la condamnation des ministres de Charles X ; et certes, il avait bien moins qu'eux des motifs d'excuses dans les circonstances, car quand M. de Polignac proclamait l'état de siége, c'est que réellement Paris était livré à toutes les horreurs de la guerre, c'est que la fusillade était engagée dans toutes les rues, c'est que la mitraille balayait les quais de la Seine ; c'est que le tocsin sonnait, c'est que le cri de guerre et le tumulte des batailles remplissaient toute la ville immense. Mais lorsque M. de Montalivet signait sa bizarre ordonnance, la paix la plus profonde, l'ordre le plus parfait régnaient dans Paris, et si vous en doutiez, messieurs, je vous renverrais à son propre témoignage, à sa dépêche télégraphique qui nous annonçait en même temps le triomphe de l'autorité, et la suspension des lois.

Encore une fois, que devait penser de toutes ces singularités contradictoires, un homme qui suivait de loin attentivement chacun des actes, chacune des paroles du pouvoir?

Mais ce n'était pas tout : après cette monstrueuse violation du pacte constitutionnel, il fallait entendre la justification qu'en présentaient les organes du pouvoir. — L'état de siége, disaient-ils, ne concernait pas la population de Paris, elle n'était pas générale, et les bons citoyens ne devaient pas s'en occuper; l'état de siége, ce sont les termes officiels, était *circonscrit autour d'une faction;* le gouvernement n'avait en vue que tels ou tels hommes dont il voulait faire *bonne et prompte justice.* En même temps on écrivait des articles menaçans, où les députés de l'opposition et les écrivains de la *mauvaise presse* étaient signalés comme les véritables instigateurs de la révolte; c'étaient leurs doctrines dont les séditieux venaient de publier un sanglant commentaire; c'étaient leurs intentions secrètes dont les factieux venaient de proclamer l'application à coups de fusils.

Des gardes nationaux supposés déclaraient, dans les journaux ministériels, qu'à la prochaine émeute, au lieu d'aller se battre contre les factieux, ils iraient tuer chez eux les députés et les écrivains de l'opposition; et les journalistes ministériels louaient beaucoup ce zèle pour l'*ordre* et pour la loi. — Les presses de la *Tribune* étaient brisées; plusieurs autres journaux, par une sorte de censure jusqu'à présent inusitée, recevaient *défense de paraître.* Des mandats d'arrêt étaient lancés contre des députés et des écrivains; les visites domiciliaires se multipliaient sur tous les points de Paris, et les actes, comme les paroles du ministère, annonçaient une résolution de violence brutale et sans ménagement.

Ainsi, c'était une loi d'exception qu'on venait de faire par l'autorité des baïonnettes; ainsi, c'était bien contre tels ou tels individus, professant telle ou telle opinion, que l'état de siége était dressé; ainsi, c'était bien une mesure de terreur, tout-à-fait semblable à celles qui avaient ensanglanté notre première révolution, qu'on venait de prendre au milieu de Paris pacifié. Seulement les conseils de guerre étaient substitués au comité de salut public, et les balles des soldats devaient remplacer la guillotine.

Je sais qu'aujourd'hui, le pouvoir honteux d'avoir pu, au temps où nous vivons, se laisser dominer par ces monstrueux projets, nie d'en avoir seulement conçu la pensée : mais si vous voulez recourir aux journaux du moment, vous saurez, messieurs, à quoi vous en tenir. Si vous voulez vous souvenir de ces articles tout empreints d'une joie féroce, où l'on annonçait, avec l'accent du triomphe, que les gardes nationaux avaient fusillé sommairement des prisonniers tombés entre leurs mains, que le capitaine Pepin, celui qui fut plus tard acquitté par les conseils de guerre eux-mêmes, avait été *mis en pièces* par ses camarades; si vous voulez vous rappeler cette ordonnance de police sur les médecins, qui souleva le dégoût et l'horreur de la France, vous ne douterez plus des intentions qui avaient dicté la mise en état de siége; vous n'hésiterez pas à croire aux plans nés dans l'énivrement d'une victoire remportée si à propos.

Sans doute, sortis de cette fièvre, les gouvernans eux-mêmes se sont repentis de s'être laissés entraîner si loin; sans doute que, saisis par l'atmosphère de notre siècle qui ne permet plus les forfaits politiques, ils se sont repentis d'en avoir manifesté le projet; sans doute que, retombés dans l'état normal, ils ont dû rougir d'eux-mêmes. Mais à qui faut-il faire honneur de ce remords, sinon à ce sentiment d'honnêteté qui, aujourd'hui, est universel en France, sinon à la force de l'opinion dont la presse est l'organe?

Mais il fallait, messieurs, que la presse exprimât en cette circonstance l'opinion du pays; il fallait qu'elle témoignât en son nom l'aversion qu'elle a pour tous les excès, pour toutes les violences, pour toutes les *terreurs*, qu'elles viennent des factieux ou du pouvoir. Il fallait qu'elle élevât une voix énergique et protestât au nom de la morale et du bon sens contre les brutalités de la force matérielle. C'était son droit, c'était son devoir; et si elle y eût manqué alors, les journaux ne seraient plus qu'un recueil de bavardages, bon à peine à entretenir les conversations et les querelles d'estaminet, et dont il faudrait demander aussitôt l'anéantissement.

Eh quoi ! messieurs, la constitution est violée, un régime d'exception étouffe la capitale, et le pouvoir, appuyé sur la force militaire, se créant un nouvel article quatorze, menace de couvrir le pays d'un réseau d'arbitraire violent, et la presse se taira ! Quoi ! si une minorité factieuse arrivait au gouvernement du pays, et ressuscitant des souvenirs affreux, se jouait par des lois tyranniques de la vie et de la fortune des citoyens, vous seriez bien aises que la presse gardât le silence, se courbât sous la volonté du plus fort et laissât la France se débattre sous un régime de meurtre et de pillage ! Quoi ! vous ne sentiriez pas quelque reconnaissance pour l'écrivain qui se lèverait alors et, appelant à haute voix les honnêtes gens au secours de la loi, rallierait contre ce pouvoir usurpateur, une force morale qui l'arrêterait dans ses tentatives !

Eh bien ! moi j'ai cru au mois de juin que les ministres avaient violé la constitution : la cour de cassation, la magistrature suprême du pays l'a proclamé comme moi. J'ai cru que des vengeances de parti se préparaient à profiter de cette éclipse de la loi pour se satisfaire à loisir ! — Recourez aux paroles du pouvoir et jugez vous-mêmes.

J'ai cru que, puisque la voix de la presse n'était plus libre à Paris, c'était à nous, écrivains des départemens, à accepter la mission qu'elle ne pouvait plus remplir. J'ai cru qu'il fallait parler, parler haut, et négliger même tous ces petits ménagemens dont on entoure en temps ordinaire une parole énergique.

J'ai donc dit ce que je pensais. — J'ai dit que la police était pour beaucoup dans les événemens de juin. Toutes les vraisemblances morales me le prouvaient, même avant que le conflit s'engageât, et deux jours plus tard des témoignages positifs, mais confidentiels, ne me laissèrent plus aucun doute. — Aujourd'hui, messieurs, mes soupçons se transforment en réalités, les vraisemblances deviennent des preuves judiciaires. Les débats qui viennent d'avoir lieu devant la cour d'assises de la Seine dans l'affaire du *Corsaire*, dévoilent plus d'horreurs même que je n'en avais supposé.

J'ai dit que les dragons placés près de l'arsenal avaient chargé les masses qui formaient le convoi sans les sommations voulues par la loi. — Voici M. le général Pajol, commandant la première division militaire, qui avoue devant la justice que les rapports officiels reçus par lui constatent réellement ce fait. — M. Pajol ajoute naïvement, il est vrai, que plus tard d'autres rapports ont démenti les premiers. — Quant à moi, j'ai mes raisons pour m'en tenir à ceux-ci.

Ainsi, messieurs, j'avais dit vrai sur tous les points, et ces assertions avancées par moi si hardiment, quand le pouvoir remplissait ses journaux des détails les plus circonstanciés sur la conspiration *carlo-républicaine*, se trouvent finalement démontrés avec la plus rigoureuse exactitude. — Jugez donc quels devaient être mes sentimens en lisant tout ce qui s'écrivait alors, en entendant tout ce qui se disait !

Mais il y a dans ces articles sur lesquels mon illustre défenseur présentera ma complète justification, il y a des passages sur lesquels le ministère public insiste particulièrement : je dois y insister aussi.

Par exemple on me fait un reproche d'avoir écrit, à propos d'un homme qu'on voulait traîner devant la justice militaire pour s'en débarrasser expéditivement, et qu'on n'a pas osé appeler devant la justice civique, devant le tribunal du pays, devant le jury, devant vous, la phrase suivante :

« Qu'on y prenne garde : il est telle tête de citoyen qui vaut vingt têtes de rois, et dont on pourrait plus tard faire payer la perte bien cher : celle de M. Armand-Carrel en est une. »

On a bâti là-dessus une accusation où se trouvent, je ne sais combien de crimes, et M. le président a bien voulu me prévenir que je devais réunir toutes mes forces pour la détruire : quelques mots vont la faire écrouler.

Supposez d'abord qu'il y ait entre M. Carrel et moi les liens d'une amitié personnelle, déjà vous trouverez dans ce fait, non pas une excuse pour mes paroles, elles n'en ont pas besoin, mais l'explication du sentiment qui aurait dirigé ma plume.

En effet, messieurs, un roi, un bon roi j'entends, est quelque chose qu'on doit aimer et respecter ; et cela se rencontre assez rarement pour qu'on s'y attache beaucoup quand le hasard accorde aux peuples cette miraculeuse exception. Mais pourtant, messieurs, vous conviendrez que vous préférez encore votre ami au meilleur des rois; vous avouerez que s'il vous fallait opter entre la perte d'une, de deux, de vingt personnes royales et le sacrifice de votre ami de jeunesse, vous n'hésiteriez pas un seul instant, et que vous vous résigneriez à voir les dynasties européennes illustrer leurs tombes royales d'une génération de plus.

Eh bien! messieurs, le choix que vous feriez, je le ferais aussi, et par conséquent j'ai eu le droit de dire ce que j'ai écrit. Mais voyons la question d'un autre point de vue.

Sans doute, messieurs, vous connaissez cet homme dont l'amitié est pour moi un légitime sujet d'orgueil; vous connaissez cette vie si courte encore, et déjà si pleine de dévoûment et de gloire modeste; sans doute vous avez entendu dire quelque chose de ce jeune sous-lieutenant de la Bidassoa, qui faillit voir tomber, il y a déjà bien des années, devant un tribunal militaire, une tête que celui qui la porte avait jouée pour ses opinions contre les hasards du champ de bataille; sans doute vous connaissez cette œuvre de tous les jours, le *National*, que depuis deux ans sa plume de bronze accomplit sans relâche et sans fatigue, et certes vous avez admiré avec tout ce qu'il y a en France d'hommes de cœur et d'hommes d'esprit, cette verve énergique et froide tout à la fois, cette supériorité calme et profonde de discussion, cette probité fière de doctrines et de style que reconnaissent nos ennemis eux-mêmes. Assurément l'immense supériorité de cet esprit viril n'a pu vous échapper au milieu des préoccupations de la polémique quotidienne.

Eh bien! elle n'a pas échappé non plus à ceux qui rêvent le retour des institutions féodales; et plus que vous, messieurs, mais non pas plus que moi, ils ont pénétré dans cette nature puissante et courageuse; ils savent comme moi, que jamais on ne l'assouplira au régime immoral qu'on voudrait nous créer; ils savent qu'il y a sous ce beau talent littéraire une grande ame de citoyen, et une grande capacité d'homme d'état. Et c'est parce qu'ils l'ont bien connu qu'ils ont voulu le tuer, après avoir vainement tenté de l'acheter. — Et moi, qui savais tout cela, et les efforts faits pour le corrompre, et les haines puissantes que la peur de sa supériorité lui a créées; — moi, qui comprenais tout ce que le pays pouvait attendre de tant d'honnêteté unie à tant de talent; moi, qui connaissais tout ce que cette tête renferme d'avenir pour l'ordre et pour la liberté; — moi, qui voyais s'amonceler sur mon pays des orages qu'une forte main pourra seule conjurer et dompter; — moi, qui sentais que la jeunesse a besoin pour la conduire d'un homme qui soit propre à étouffer les passions turbulentes, aussi bien que les passions tyranniques; moi, qui voyais un grand homme dans ce jeune journaliste, je n'aurais pas crié quand on le livrait à la justice militaire comme un conscrit qui s'est soûlé au corps-de-garde! — Allons donc, messieurs, je serais à vos propres yeux un lâche si je l'avais fait, je serais un misérable, digne de votre mépris, et c'est alors que vous devriez me condamner, car j'aurais trahi tout à la fois mes devoirs d'homme privé et mes devoirs de citoyen. — C'est votre approbation, messieurs, ce sont vos éloges que j'ai mérités et que j'attends!

Vraiment, messieurs, ce n'est pas assez pour les doctrinaires, que d'insulter dans leurs journaux et de calomnier par leur police, les hommes fidèles à leurs croyances libérales; ce n'est pas assez de s'acharner, eux et leurs valets, sur les hommes et sur les gloires dont la France est fière; ce n'est pas assez d'outrager tous les matins des noms tels que Lafayette, Dupont-de-l'Eure, Laffitte et d'autres encore que de hautes convenances m'interdisent de nommer ici; ce n'est pas assez de détruire les espérances d'ordre et de liberté que la France a placées dans ces hommes; il faut profiter d'un jour de désordre et d'un moment où l'action des lois est suspendue pour se débarrasser de ceux dont on redoute l'inflexible honneur et la capacité, et il nous serait interdit à nous de réclamer au nom de la loi, au nom de la civilisation et de la pudeur publique! Et quand on tente ainsi de renouveler les horreurs d'un régime dont le souvenir est une des douleurs de la France; nous n'aurions pas, nous amis de l'ordre et de l'humanité, le droit de protester au nom de l'avenir!

Messieurs, examinez de sang-froid la conduite du ministère à l'égard de M. Armand-Carrel. — La mise en état de siége n'est pas plutôt prononcée, les lois ordinaires n'ont pas plutôt cessé de protéger les citoyens, qu'un mandat d'amener est lancé contre lui; la force armée se présente à son domicile; des perquisitions sont faites chez ses amis, on le cherche partout, et l'on dirait qu'il s'agit d'un homme dont les attentats ont mis la société en péril. — Eh bien! messieurs, quand la cour de cassation a condamné la violation éclatante de la charte, quand Paris échappe à la législation du sabre, quand il faut, non plus le caprice de quelques soldats, mais la décision d'un jury de citoyens, pour disposer de la vie d'un homme, quand il faut des preuves pour constater des crimes, le ministère poursuit-il M. Carrel? Non, messieurs, il recule devant la nécessité de démontrer la culpabilité de cet homme qu'on voulait tuer; et maintenant on n'ose pas même le charger d'un délit!! Il se promène tranquillement dans Paris sans qu'on essaie de mettre à exécution les mandats lancés contre lui, et ceux qui en voulaient à sa vie, n'ont pas autre chose à penser et à dire à présent sinon que l'occasion est manquée! — Ai-je eu tort de me récrier contre cette singulière fantaisie de meurtre?

Absolvez-moi, messieurs, j'ai fait mon devoir en réclamant au nom du pays et de son avenir, au nom des lois, au nom de la justice et de l'humanité; j'ai fait mon devoir, absolvez-moi, messieurs, vous aurez fait le vôtre.

Anselme Petetin.

JUSTIFICATION

DU PRÉCURSEUR,

PAR M. DE CORMENIN,

MEMBRE DE LA CHAMBRE DES DÉPUTÉS.

C'est un devoir pour la presse de défendre la presse et d'éclairer le jury, lorsqu'un pouvoir violent et tracassier se cramponne à détruire la première et la plus salutaire de nos libertés.

Il y a dans une ville de deux cent mille ames, à Lyon, un journal libéral, un seul, que le ministère du 13 mars poursuit avec un incroyable acharnement, et qui n'existera plus s'il est condamné.

Ce journal est le *Précurseur*.

Nous avons lu attentivement les numéros saisis; ils se réduisent à ceci : Que notre ordre légal est vicieux; que le coup-d'état du 6 juin contre la Charte est répréhensible; que les institutions républicaines sont préférables aux institutions monarchiques.

Voilà le fond des articles incriminés qu'il faut dépouiller des expressions passionnées, échappées à l'irritation du moment, et des formes chaudement colorées qui les enveloppent.

Reprenons ces trois propositions.

N'est-il pas vrai d'abord que l'ordre légal n'est respectable qu'autant que les lois sont bonnes? Il peut donc y avoir un ordre légal qui soit excellent, si les lois sont excellentes, et un ordre légal qui soit détestable, si les lois sont détestables. Cela est plus clair que le jour. Il n'est donc pas défendu de démontrer que l'ordre légal ne vaut rien. Tout ce qui en résulte, si la critique est fondée, c'est qu'à l'ordre légal ancien il faut substituer un ordre légal nouveau, et à un ordre légal mauvais un ordre légal meilleur. Or, si jamais cette critique a été permise, et nous dirons plus, a été un devoir, c'est bien en France, où depuis 40 ans le chaos des lois les plus contradictoires constitue l'ordre légal. Bel ordre légal vraiment! et ceux qui s'en portent les défenseurs seraient bien embarrassés si on les priait d'éclairer toutes les obscurités et de concilier toutes les antinomies d'un pareil ordre, ou plutôt d'un pareil désordre. Nous ajouterons que le *Précurseur* n'a point provoqué à la désobéissance aux lois, et qu'il est resté dans les bornes de l'examen théorique.

Dire ensuite que le coup-d'état du 6 juin a été une violation de la Charte, est-ce donc là un si grand crime? comparer cette violation aux ordonnances du 25 juillet, est-ce là manquer à la vérité? Nous plaignons le pays de n'avoir pas ressenti assez vivement l'injure d'un si vaste attentat. Mais si dans cette molle apathie de l'opinion quelques généreux courages se sont indignés, qui osera les blâmer? La cour de cassation n'a-t-elle pas flétri d'une tâche ineffaçable les honteuses ordonnances du 6 juin et justifié, par la rétroactivité de son blâme, les imprécations du *Précurseur*. L'impunité de ce coup-d'état si audacieux n'a-t-elle pas absous les ministres de Charles X! n'a-t-elle pas redressé les espérances des partisans de la branche déchue? n'a-t-elle pas confondu toutes les nations de la justice distributive? n'a-t-elle pas profondément démoralisé le peuple? n'a-t-elle pas détruit les garanties de la Charte? n'a-t-elle pas fait douter des fastueuses promesses de juillet? n'a-t-elle pas converti secrètement au républicanisme beaucoup de patriotes dont les yeux se sont dessillés? Et si les patriotes confessent hautement leurs sympathies pour la république, à qui la faute si ce n'est au ministère du 13 mars qui fait voile à plein vent vers la monarchie de la restauration? Ces jeunes écrivains n'avaient-ils pas embrassé avec la chaleur de leur âge, avec la sincérité de leurs convictions les brillantes illusions de juillet? Si le trône se fût alors entouré d'institutions démocratiques, conditions nécessaires de son existence, où aurait-il trouvé de plus fermes appuis que dans les esprits ardens et éclairés qui rêvaient comme nous le bonheur de la patrie? Combien ne sont-ils pas blâmables ces ministres plus insensés que traîtres, qui ont si mal compris leur siècle et qui labourent tortueusement le même sillon par où Charles X descendit aux abîmes? Mais enfin, républicains, légitimistes ou quasi-légitimistes, toutes les opinions sont permises, tant qu'elles restent à l'état de théories. Chacun est libre d'avoir, et par conséquent d'exprimer son goût pour telle ou telle forme de gouvernement. Il suffit de ne point convertir ces théories en faits, d'obéir aux lois existantes, de n'en point recommander la destruction par la violence. Aux théories de la république, opposez les théories du juste-milieu, si vous pouvez vous faire comprendre des autres, après avoir commencé par vous comprendre vous-mêmes. Les théories religieuses, administratives, économiques, philosophiques, littéraires, se présentent dans l'arène, se combattent à nu, se dessinent, se renversent, et c'est à l'assemblée qui les regarde à juger des coups et à couronner les vainqueurs. Pourquoi n'en serait-il pas de même des théories politiques? La liberté de la presse veut cela, ou elle n'est rien. Vous dites que ces luttes ébranleraient le gouvernement établi. Oui, si le gouvernement n'est pas solide; mais s'il n'est pas solide, à qui s'en prendre, si ce n'est à ceux qui l'ont fondé ou qui le dirigent? Y eût-il jamais d'aveu plus indiscret et de défense plus maladroite? Mais de ce que vous ne pensez pas que je doive discuter, est-ce à dire que je n'en ai pas le droit? Voilà ce qu'il faudrait d'abord prouver.

Nous avons suffisamment établi que les trois griefs reprochés au *Précurseur*, n'ont point de base sérieuse.

Il faut voir maintenant la question de plus haut.

La beaucoup trop fameuse circulaire de M. Barthe, les ordonnances de la diète, les persécutions des réquisitoires, les insinuations des feuilles ministérielles, et les condamnations excessives des tribunaux, tout révèle une guerre systématique organisée contre la presse. Il faut qu'il y ait quelque traité secret, quelque condition imposée, et le doigt de la sainte-alliance se montre là. Sans cela, comment pourrait-on expliquer la marche d'un gouvernement qui, ayant été fondé, sauvé par la presse, s'efforce de détruire la presse? Le ministère n'est pas assez insensé pour vouloir venger ainsi des injures personnelles, ni la critique de ses actes. Si on l'attaque avec véhémence, il a ses journaux qui ripostent avec fureur. Il sait bien également, qu'à tout prendre, la presse est plus utile que nuisible à un pouvoir établi sur la souveraineté du peuple. Mais, s'il voulait par d'éclatantes poursuites, et par des condamnations répétées, donner aux puissances absolues de l'Europe des gages de la haine contre la presse, dont les vérités courageuses troublent le sommeil de tant de princes! A notre avis, il ne ferait, par ces honteuses concessions, qu'enfler leur orgueil et que précipiter l'impatience de leur invasion. Il assurerait, en affaiblissant l'esprit public et en divisant les patriotes, l'asservissement de la France. C'est aux jurés à voir s'ils veulent se rendre complices de cette lâcheté, s'ils veulent faire cette joie à nos ennemis.!

L'effet de la liberté dans un pays constitutionnel est de produire toutes sortes d'opinions divergentes, et le grand art des gouvernemens représentatifs est de laisser toutes les opinions percer par les issues qu'elles veulent se frayer, d'ouvrir, s'il est permis de s'exprimer ainsi, de larges et faciles exutoires à toutes les humeurs qui bouillonnent dans le sein du corps social. Si vous fermez ces exutoires, vous refoulez le mal, vous ne le guérissez pas. Il se fera quelqu'autre route, et ses ravages alors seront plus terribles. Supposez que dans une ville comme Paris, où fermentent dans tous les sens tant d'intellectualités fébriles, le pouvoir parvienne à écraser, par des condamnations, des suspensions, des scellés, des terreurs et des amortissemens, les journaux de l'opposition, et qu'il s'endorme chaque matin au bruit monotone et flatteur de ses feuilles salariées, croit-on que le pouvoir ne marcherait pas bientôt de faute en faute, et par conséquent de chute en chute, jusqu'à ce qu'il tombât pour ne plus se relever ? Croit-on que l'opposition, dépouillée de son droit, privée de son langage, de vive ne deviendrait pas furieuse et hostile, et ne se croirait pas fondée à passer de la parole aux actions, et de la controverse à l'insurrection, pour défendre son existence et reconquérir ses libertés ravies ? Croit-on qu'il ne s'organiserait pas des sociétés assermentées et secrètes, qu'il ne s'ouvrirait pas, dans les ténèbres de la nuit, des loges de carbonari; qu'il ne se prêterait pas de sermens de mort, et qu'il ne jaillirait pas de cet esclavage de la presse des révoltes, des conspirations hardies et qui renaîtraient, à peine étouffées ! Eh bien ! ne craint-on pas que ce qui se passerait infailliblement à Paris, n'arrivât parmi les centres d'agglomérations populeuses, parmi les grandes cités de France, où les esprits sont en ébullition, dans des proportions moindres, sans doute, mais par les mêmes causes que dans la capitale ? Ainsi, par exemple, pour revenir à notre sujet, serait-il prudent d'anéantir violemment à Lyon le seul organe de la presse libérale ? N'appréhenderait-on pas que l'insurrection des masses ne vengeât aveuglément et par de déplorables effusions de sang, le silence de servitude où l'on condamnerait leurs besoins, leurs pensées et leurs vœux ?

Serait-il juste que le peuple et la jeunesse restassent sans représentation aucune de leurs opinions, tandis que le commerce et la bourgeoisie auraient les leurs ? ce privilége ne serait-il pas odieux ? la jouissance par quelques-uns seulement d'une liberté qui appartient à tous, ne rend-elle pas la perte de cette liberté plus poignante et plus douloureuse pour tous ceux qui en sont privés ? or, n'est-il pas certain qu'avec des amendes exorbitantes ou répétées, vous ruinez les actionnaires d'un journal, vous épuisez le fonds social qu'ils ne veulent plus remplir, et vous rétablissez indirectement la confiscation que la Charte a proscrite ? N'est-il pas vrai, non plus, qu'avec des peines corporelles excessives, vous finissiez par dégoûter, par écarter de la rédaction les écrivains énergiques et distingués, et vous ôtez ainsi à la presse cette liberté d'expression, originale et vive, sans laquelle elle n'est plus qu'un barbouillage de commères, ou qu'un assemblage insignifiant de voyelles et de consonnes ?

Si le jury condamnait le *Précurseur* pour avoir peint le coup-d'état du 6 juin des plus sombres couleurs, ne semblerait-il pas donner à ce coup-d'état flétri par la cour de cassation, une absolution bien imprudente et bien funeste ?

nous parlons ici, sans passion, sans haine, comme des observateurs qui recueillent les faits, les comparent et les jugent. Eh bien ! nous les avons recueillis ces faits, nous les avons compris, appréciés, et nous croyons être admissibles à dire que ce serait une grave erreur de s'imaginer que les républicains sont anéantis, et qu'ils ont perdu toute force et tout espoir. Le coup-d'état du 6 juin a produit deux sortes d'effets incontestables. D'une part, il a relevé l'audace des carlistes, puisque l'impunité de ce flagrant délit a justifié les prisonniers de Ham. Mais d'une autre part, il a agrandi et fortifié le parti républicain qui a vu que la Charte, violée comme une femme facile, n'offrait que d'impuissantes garanties, et qui vont s'imaginant qu'un peuple qui paraît ne pas tenir davantage aux conditions actuelles, se laisserait volontiers, et sans plus de résistance, imposer une autre forme. Il faut n'avoir pas d'yeux, il faut n'avoir point d'oreilles, il faut ne pas connaître les masses, il faut ne rien comprendre, pour ne pas savoir dans quels pays de la France le parti républicain marche chaque jour, grandit, s'étend, se développe, s'affermit dans ses convictions, et dans ses desseins, quelles zones, quelles ramifications il embrasse, quels ardens et indomptables caractères il a gagnés ; quel surcroît d'adhérens l'espoir éteint des napoléonistes lui a apporté ; quels pas chaque jour d'existence d'un ministère anti-national lui fait faire, de quelle énergie, de quelle chaleur, de quelle audace, de quelle infatigable et dure patience il est doué ? C'est dans l'irritation flottante des esprits, dans la prostration générale des forces de la société, le seul parti qui ait de la vie et de la jeunesse, qui ait une volonté profonde, des convictions opiniâtres et un but fixe, le seul qui se croit maître du destin et de l'avenir. Et vous pensez qu'avec les faibles liens de vos réquisitoires et de vos condamnations, vous enchaînerez ce géant ? vous l'irriterez, vous accélérerez sa marche, voilà tout. Plus vous vous essoufflerez autour de lui, pour le suivre, plus vous lui donnerez le secret de sa vitesse, plus vous le surchargerez d'emprisonnemens et d'amendes, plus vous lui donnerez le secret de sa puissance. Xercès qui traînait des armées innombrables, fit battre de verges l'Hellespont ; mais il fut bien heureux, au retour, de trouver l'Hellespont pour protéger sa fuite.

En résumé, les jurés de Lyon vont donner un grand exemple et trancher une grande question. Ils vont témoigner aux yeux de la France, s'ils ont compris la révolution de juillet ; si la liberté de la presse, qui sauva, il y a deux ans, la première ville du royaume, doit périr dans la seconde ; si le choix que le préfet du Rhône a fait d'eux, en vertu de la loi Peyronnet, n'a pas altéré leur indépendance ; s'ils savent sacrifier le ressentiment de leur opinion blessée à la sécurité du pays et à l'intérêt véritable du gouvernement ; si l'indignation que le *Précurseur* a ressentie avec tous les bons citoyens, a exprimée avec tous les amis de la Charte, en apprenant le coup-d'état du 6 juin, n'a pas été une indignation patriotique et vertueuse ; si, parce qu'il déplaît aux trois monarques de l'absolutisme de nous avoir vus élever un édifice constitutionnel, nous devons, pour leur obéir, arracher de nos propres mains la pierre angulaire sur laquelle repose cet édifice, et si le jury ne doit pas être moins servile que les complaisans de la sainte-alliance et plus français que le ministère ; s'il est juste de ravir la propriété, la parole et l'opinion du plus grand nombre, pour enrichir de leurs dépouilles matérielles et politiques, la cupidité passionnée de quelques-uns ; si l'on ne confisque point un journal par les amendes et par l'emprisonnement de ses rédacteurs, tout aussi bien qu'on le ferait par l'opposition des scellés, par l'interdiction de paraître et par la vente aux encans des presses et des caractères ; enfin, s'il n'est pas plus sage d'amortir la fougue des passions, en ne les fustigeant point, de creuser un lit au torrent plutôt que de le barrer inutilement par un mur, de couler, par des transitions ménagées, vers les nécessités de l'avenir, et de retarder par une absolution calmante, la furie de la course républicaine, plutôt que de la précipiter par les coups de fouet d'une irritante condamnation.

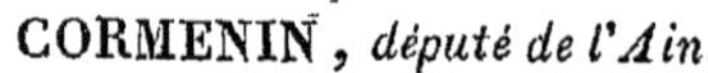
CORMENIN, *député de l'Ain.*

A LYON, DE L'IMPRIMERIE DE CHARVIN,
RUE CHALAMON, N° 5.